轉念之年

THE PIVOT YEAR

讓人生豁然開朗的365篇生命解答

365 Days To Become
The Person You Truly Want To Be

BRIANNA WIEST
布莉安娜・魏斯特 ——— 著　李祐寧 ——— 譯

獻　給

DEDICATION

那些懷抱偉大夢想者——

足跡、道路終會出現。

序篇
INTRODUCTION

讓每一個凡俗的日子，
都成為振奮靈魂的啟發

願這一年，是你重啟人生的一年。

不是那種流於表面的。不是僅僅改變了事物的表象，卻因內心感受不變而陷入迷惘。不是為了從眾。不是汲汲營營於世俗定義的成功，卻讓你在為著成功燦笑之際，被愧疚與遺憾吞噬。

願這一年，你能透過由衷期盼的方式，改變人生。在這一年，你發現埋藏心底多年的不為人知夢想，其實就是來自

另一種人生的召喚，呼喚著你去表述，去探尋，將千絲萬縷的念頭轉化爲可觸碰的眞實。

願這一年，你會透過只有你才辦得到的方式，也只有你才擁有的力量，來扭轉人生。我無法幫助你。所有的文字也無法幫助你。它們只能如老友般，從內在最深最遠之處，鼓勵你，引導你。願你能更專注於文字所挑起的情感，而不是書頁上的白紙黑字。願每一天你都能停下腳步，思考是否錯過了二擇一以外的第三扇機會之門。願你不會畏懼探索內在，面對自我生命起源的那處空間。

願這一年，你不會再因爲自己想要成爲的樣子以及人生目標，而徬徨迷惘。願這一年，你能學會挑戰理所當然，並在自己所定義的世界裡創造意義。願這一年，你會發現不是只有「待在原地」才最安全。無論身處何方，隨著你每跨出的一步，道路都會爲你鋪展開來，過去如此，未來亦如是。

願這一年，你能領悟所有事物——即便是生命中最微小之事，只要能與你的靈魂自我契合，那麼一切皆會發生得更自如。願這一年，你開始探究心底深處的眞相。願這一年，你會找到那份最大膽、最勇敢的力量。願這一年，你能毅然決然地邁向那本就屬於你的人生。

在你心底深處曾有一份關於人生的澎湃願景，卻在時間的流逝下，被世界悄悄淹沒。

該重新開始，全心傾聽了。
該重新開始，好好地活了。

——布莉安娜．魏斯特

第 1 日

今日你所懷抱的勇氣，將成爲明日你面對的命運。**你要反覆咀嚼昨日的回憶，還是要擁抱此刻，善用眼前的每一個機會？**不是要將你的意志強加於命運之上，而是徹底感知眼前的每一刻。不要走上井然有序、線性的人生軌跡，請創作一幅用經驗拼貼而成的馬賽克——不斷建構、不斷演變、不斷展開，隨著內在逐漸化爲眞實，最終的那一片宇宙碎片，亦將透過此一特定時刻、特定位置、特定形式，在你眼前揭露。此時此刻的你，就處在最合適之處。今天，就是重啟人生的完美日子。

第 2 日

不知道，也是一種強大的力量。不知道下一步，不知道該做什麼決定，不知道該如何走到你明白自己必須且想要抵達之處。每個時刻都蘊藏著機會之門，當你選擇通過那扇門，那些曾經隱匿於視線之外的真實將再次現身。當你不知道下一步，你所面對的是一個充滿無盡可能的世界。與其安穩而單調地規劃自己的人生，你可以開始計畫每一個當下，每一份喜悅，每一段旅程。與其陷入日復一日的機械式生活，你可以學著時時回到那不斷變動、充滿無限可能的**當下**。在你終於願意承認自己無法掌握未來時，你就進入了金色漩渦——那片介於你所知曉的命運與過去一切想像的空間。

第 3 日

終有一天，你會明白，幸福與你的房子外觀並無關係，而在於你如何愛著牆垣內的人。幸福並不是在指定時間內獲得成功，而是找到一件讓你熱切到足以忘卻時間的事物。幸福並不是以爲自己獲得了全世界的認可，而是每天都能平靜地醒來，全然與自己同在，自在安定地期待新的一天，且無須擔心別人眼中的自己。幸福並不是擁有最棒最好的一切，而是懂得善用一切。幸福是知道自己能運用所長，傾盡能盡之力。幸福並不發生在所有問題都已解決，所有事物皆井然有序的時刻裡，而是出現在烏雲背後的那一絲光亮，提醒著我們光明就在那裡，只要你能放慢腳步去體會。

第 4 日

自我保護就是學會在「釐清自我感受」與「採取行動」間，懂得暫停。倘若感知與行動間缺乏意識的介入，那麼任何事情都能控制你。**練習暫停。**學習拉長感受與實際行動的間隔。決定自己該將心力置於何處，因爲唯有獲得你關注與投入的事物，才會擁有力量。

第 5 日

每時每刻都有兩條河流，朝著我們奔流而來，其中一條承載著世上萬千的聲音，另一條則湧動著獨一的聲音——內在指引的聲音。第一條河負載的指示、引導與警告是如此猛烈，持續且綿延不絕地拍擊著我們。絕大多數人就這樣不知不覺地被推上每一塊里程碑，迎向他人眼中應當追求、爭取或成就的事物。最終，我們低下頭，卻發現手中空無一物。我們的生命依循著並不是由自己所主導的故事線展開。然而，當我們失去了內在的指引，我們對此刻的感知就像是蒙上了一層灰霧。我們被困惑、猶豫不決及不安所操控。在兩條河流的相互爭奪下，我們失去了對自己的控制，我們被美德所誘惑，又因罪惡感而卻步。在時間的推移下，我們被俗世所認定的正當框架圍困，遠離了內心深處那柔軟而欣然的真實。儘管第一條河流喧鬧不歇，我們卻永遠聽得見第二條河流的低語。儘管第一條河流所凝聚的眾人之智，在腦中不時出現，甚至影響了你的決定，但當我們以內在指引爲依歸，從那一刻起，生命便眞正展開。而智慧的開端，就是明白眞理的痕跡無處不在，試著將兩條河流黑白分明地貼上全好或全壞的標籤，只會剝奪了我們內心希望實現的深度與美好。這趟旅程的目的不是爲了追逐一方而封閉另一方，而是知道何時該打開耳朵諦聽並追尋一方。

第 6 日

你無法渴望自己內心並不擁有的事物。欲望是一種向外的投射，與我們的內在潛能成正比。這個世界有著無限可能，有太多值得渴望與嚮往之事。有無數的事物可以誘惑我們，但唯有特定的願景，才能從內在喚醒我們。僅有少數的事物，能掀起我們心中那份因極度渴望，而產生的近乎躁動不安的激動。欲望是我們本質不可切割的一部分，無論你是否意識到這一點，或甚至是自我爲了保護你，而刻意讓你視而不見。你所等待的，不過是一份發自內心的意願，那份讓你決心翻越山巔，徹底釋放內心深處一切渴望的力量，並於你所身處的世界，創造這些渴望的容身之處。

第 7 日

或許你眞正需要的，從來都不是更多的精力，而是一個能讓你在清晨心甘情願起身的夢想。或許你需要的，是一件能讓你收穫多於付出的事物。或許你不該繼續追求那一千零一件無法照亮你靈魂的事物，而是找出唯一一件，要求你勇於冒險，要求你敞開心扉，要求你即便心懷恐懼，仍願意反覆嘗試的夢想。缺乏動力並不是你失敗的原因。在那條本就不屬於自己的道路，我們皆注定無法走遠。

第 8 日

你或許以爲，「活得精彩」就是踏遍世界每一處角落，因爲一時心血來潮而辭去工作，或奮不顧身地墜入愛河。但眞正的精彩，是懂得如何安於此刻。你必須學會照顧自己，在心底建立一個歸處。你必須學會打造一套簡單、卻足以讓你引以爲傲的生活。眞正精彩的人生，並不總是由那些驚心動魄的時刻所建構，而是那些能溫柔地告訴你，即便放慢腳步也無妨的時刻。你不需要不斷地證明自己。你不用永無止境地奮鬥，也不必總是追求更多。維持現狀也沒有關係。漸漸的，你會發現，外在成長的幅度與內在的穩定成正比。畢竟，倘若我們無法在小事之中獲得喜悅，那麼即便大事亦無法觸動我們。

第 9 日

無論你認爲此刻所感受到的痛苦是多麼地強烈，都無法與你終將獲得的寧靜相提並論，更無法與你終將領悟到的喜悅相比。你將再次與人生墜入愛河，而這一次只會比過去都好，因爲你已是全新的你。你會成爲懂得欣賞重要事物的人，不再總是魯莽地做出決定，更不會輕易地被左右或盲目地相信。你會自然邁向嶄新的層次，做到表裡一致，身心合一，而這種內外一致的生活方式，能轉化成更清晰的界線，與更穩定的基礎。你將以意想不到的方式變得強大，從此以後，你的幸福會變得更爲眞摯，更爲明朗。這樣的改變無法發生在一夕之間，儘管事後回想彷彿就是如此。如同季節的更迭，萬物的變化總是慢慢悠悠，卻在剎那間，你已堅定地站在彼岸，置身於那些你曾憂慮著無法得到之事中。你通過了，卻也因此不再一樣。因爲有股力量穿透了你，除去那些你甚至未曾察覺到的障礙。

第 10 日

這趟旅程的目的，不在於學會減輕肩上的重擔，而在於如何停止背負；不在於學會何時該停止，而在於學會堅定自己不再重蹈覆轍的決心，尤其是那些只會招致自我毀滅的習慣、人、思維或行爲。這是關於你該如何釋放那些再熟悉不過的憂鬱，下定決心不再依賴那些曾於你需要時刻裡，給予你安慰、幫你轉移注意力，並支撐著你的情緒寄託。而你選擇追尋什麼來塡補空白，便決定了你前行的方向。

第 11 日

你不需要慶幸生命中的一切。你亦不必爲自己捱過的痛苦，不明白的道理，或付出慘痛代價所換得的教訓，感謝不已。你無須對不公正，對身處在未能正確看待尊嚴的世界，失去靈魂的世界，心懷感激。但即便在狂風暴雨之中，若你偶然瞥見一絲微弱的感激光芒，我希望你能緊緊抓住。願你能明白，這就跟所有事物一樣眞實。願你能給予其最大的關注。願你能記得，烏雲背後的銀白絲光，預示著即將到來的光明。願你能了解，即便你不感激一切，並不等於你不懂得感恩。願你能讓自己接受多種眞理。因爲每個生命階段，自有不同的道理，也不是所有人生經歷，都能巧妙銜接。還有更多的可能性存在著，即便過去並未向你展示這一點。我們最大的夢想與最深的恐懼能同時並存，且一方的存在並不會削弱或否定另一方。在你坦然接納自身境況以後，你就準備好迎接生命爲你鋪展的下一段體驗。

第 12 日

請治癒你與此刻，與當下，與混沌不明的中間地帶的關係。在這種過渡狀態，你的眼界可以限縮在恐懼上，也可以開闊視野並明白：自己只是這偌大夢境中的一顆粒子，倘若缺乏了你，這個世界的紋路也不可能保有原樣。讓自己在那夢境之處得到釋放，追隨內心深處的呼喚，任其引領你去實踐，透過行動將你的人生編織成人類故事的一部分。倘若此刻缺少了你，所有的一切——每一件事物，都不可能相同。你是不可或缺亦無法取代之存在。你之所以在此，是爲了完成僅有你才能完成的任務。

第 13 日

你向生命訴說自己想要**什麼**，而生命向你說著該**如何**得到。當你渴望遇見靈魂伴侶，你必須傾聽生命是否說著，**不要跟他們在一起**。當你渴望功成名就，你必須傾聽生命是否說著，**你要的不是這種成就**。當你渴望獲得歸屬，你必須傾聽生命是否說著，**可是不是這裡**。在看似得不到的表象之下，往往指引著新方向。若你渴望活出開闊的人生，就不能緊抓著狹隘的人生不放。

第 14 日

請接近那些能拓展你視野與機會的人，那些比起相信實際的你，更願意相信你內在潛力者。請接近那些讓你時常想起要活出使命的人，那些能舒展你的靈魂，讓你感受到眞實者。請接近那些能讓你想起內在豐盛的人，那些能讓你與生命的愛戀更深一點者。請接近那些比起讓你的生命乾涸，更能滋潤你生活的人。這些微小的跡象並不微弱，它們以各種形式標記著我們的靈魂伴侶。

第 15 日

鄭重宣告：**我將不再參與自己的苦難。**假如世上無人能做我的朋友，我願成爲自己最忠實的朋友。我不會棄自己於不顧。假如有一群人愛著我，那麼縱有一人不愛我，我也不會過度執著，非要得到此人的愛。我會帶著同理心，與自己對話。我不會將一生的精力，浪費在只能帶給我痛苦的對象上。從這一刻起，我會義無反顧地支持自己。

第 16 日

當你的靈魂浸淫在寒冬之中，那些靜默的時刻或許會讓你膽寒。但是最深刻且最偉大的人生成就，往往就誕生在這些時刻下。保持靜默。什麼都不用做。一首交響曲總是由寧靜與喧囂交織而成，一幅畫作也總是由空白的畫布與顏料構成。而休息與行動能賦予你智慧、洞察力與透澈，讓你比過去更勇敢地前行。

第 17 日

或許你該相信那些錯失的關係、未能回應的呼喚，以及有千百種理由應該成真卻沒能成真的機會。或許你該相信那些微弱的徵兆，在它們最終變得震耳欲聾前。或許你該相信那些細微的緊繃感，那些讓你精疲力竭的夜晚，那些不待見你的人，或讓你產生些許違和感的地方。或許你該學著相信從你身邊流逝而過的事物，這樣你就能開始相信在你面前停留的事物。或許你該相信那些行不通的做法，因爲它們或許暗示了你，何處才是可行之路。

第 18 日

每一個小時都是新的起點。你只是還未明白，直到你回憶起每一次的靈魂觸動，每一個生命轉捩點，都發生在那看似平凡無奇的日子裡。霎時間，你與徹底扭轉你世界的時刻相遇了。你找到了工作，你訂好一張機票，你簽下自己的名字，你做出那個能徹底改變一切的決定。在人生每一次的重大轉變中，你總感覺無法一眼看到盡頭。但事實上，它們更像是那個很久很久以前你撒下的細小種子，終於長成一座花園。

第 19 日

命中注定的，自會降臨，然後永遠地停留在生命裡。未發生之事，本就不該發生；這段旅程的終點，並不一定是你渴望或需要抵達之處。倘若你眞能誠實地面對自己，那麼你心底早就明白這些道理。在熱烈而令人盲目的期待之下，你心甘情願地忽視種種微小跡象。倘若你用「早知如此」來爲難人生，你將錯過那推著你一路前行的堅定浪潮。留心那些留下來的。留意那些始終如一的。留神那些堅定不移的。這些都將成爲生命之歌的每一個音符。

第 20 日

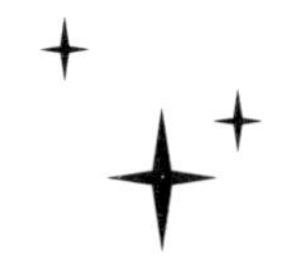

別人會用他們的方式來看待你。正如同你也曾經將傾心之人捧在手掌心上，為那個你不顧一切也要愛上的人，掩飾不那麼美好的一面；正如同與你最貼近的靈魂，總是顯得最美麗，且最容易得到你的諒解；正如同你總是最能理解那些你親眼見證其一路走來之人的立場，也總是最能和對方感同身受。別人也會用他們需要且想要的方式，來看待你。到頭來，真正重要的，是你想要以何種方式來看待自己。

第 21 日

培養並投入在你最耀眼的那一面上，用最多的時間來栽培自己最強的優勢。你之所以站在這裡，並不是爲了彌補自身的不足，或讓自己能盡量在各個面向上達到平衡。你之所以站在這裡，亦不是爲了實現你生命中注定無法開花結果的事物。

第 22 日

你克服了每一件在你意料之外、令你心痛、未能如願的事。你在茫然未知的世界裡，構築自己的人生，用那些你以爲會實現的碎片，重新打造一個新的自己。你的內在總是飽含著不可思議的人類之力，無論明天會發生些什麼，你都會帶著這份力量，迎向未來。

第 23 日

善意，是堅不可摧力量的證明。這是在想方設法讓你變得冷漠的世界裡，還能保有柔軟的意志。這是能吸收自身情緒並化解的能力，決定自己想要採取何種行動，且無論這個世界給了你怎麼樣的經歷，都願意思考該如何回饋世界。擁有善意的人並不只是好人，他們以獨特的方式，成就英雄的樣子。對於這個世界的不善，他們能夠以德報怨，讓自己成爲深刻治癒力量的催化劑。

第 24 日

你是高潮與低谷間的寧靜，在狂風暴雨驟然成形並恣意破壞後，始終會出現的晴空。你總能拾起自己最初的樣貌，回到最真的自我。若有任何事物能比幸福重要，莫過於得到這份啟發並帶著這樣的體悟活下去。你就是內在那份穩定與安全的泉源。

第 25 日

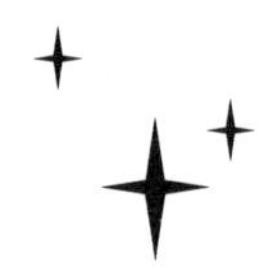

願你能學會慶幸自己還活著。不是慶幸你的能言善道，你的榮耀，或是外界對你的評價。亦不是為著終有一天你所能成就之事，而是很高興自己能感受到每一個微小、不起眼事物的美麗。願你此生此身，能學會對每一天充滿熱切的期待。無論你能在這段時間裡成就什麼，或在世界的何處。願你能學會體驗人生，而不是焦慮著自己的人生會被如何解讀。願你能學會去感受內在的一切。願你能學會眞正地活著。

第 26 日

尋找自己，也意味著你必須放下曾經以爲的自己。最深刻且持久靈感的培養，往往就來自於最枯燥無趣的毅力。找出適合自己的事物，意味著明白一切都需要恰如其分的時機──隨著你的改變，能量也會重新校準，以眞正跟隨自己的心。治癒往往是一段承受、並擁抱自身經驗對立面的過程，包容一切，並接受其眞實面貌。

第 27 日

在尚未覺醒的狀態下，你的力量只能取決於外界。你的信念過度依賴著那些本就無意帶領你通過此刻，好迎向更多可能的體制、規範與結構。但往往就在你因為這樣的世界觀而精疲力竭，滿心憤慨之際，你決定向內探索，並發現了解決之道——內在的力量。剛喚醒這份力量的你，卻經常過度濫用。你認為你就是自己的神，所有圍繞在你周圍的微小粒子，能讓宇宙因此彎曲、解構並重建。只有在你開始明瞭自己執著於創造的事物，並不如當初所預想的那般完美時，此種幻覺才開始瓦解。你開始將他人放在心上，關注他們的節奏、步調與需求。你開始明白自己無法領略一切，並因此踏上了人生的眞正旅程，一場在承擔與放手之間展開的舞蹈。就像有些事必須努力追尋，有些只能耐心等待。要拿捏開口的時機，與聆聽的時機；分辨傳授的時機，與學習的時機；何時該秉持自己的信念，何時又該走向那條遠超出你想像的人生道路。這就是活著的眞諦——明瞭自己的自由意志，並培育出得以善用的洞察力。

第 28 日

沒有一件事情能在最初，就讓人感覺完全正確，因爲一切總是如此地陌生。你經常忽略的一件事實，就是所謂的舒適感及正確性，往往基於熟悉之上。問題不在於你對某件事是否能立刻產生命中注定般的感受，而在於它能否隨著你一同成長。亦在於它能否賦予你施展、改變以及脫胎換骨的機會。這才是對正確性的眞正測試——不是那種一拍即合的正確，而是與你的根基緊密連結，讓你得以燦爛綻放的正確。亦非曇花一現的事物，而是亙久停留的存在。

第 29 日

你渴望創造的事物，亦渴望著被你創造。你期盼能帶到這個世界上的，亦是這個世界期盼你能夠成就的。

第 30 日

終有一天，你必須停止讓自己被那些不願給予回報的事物所糟蹋，那些總是需索無度，卻不曾想過付出的對象。你必須停止逼迫自己去適應那本就不適合你的環境。若你迷惘著該將心力置於何處，就投入到真正適合你的事物上吧。投注在那些本就愛著你的人們，那些閃耀著潛力之光的事物，那些讓你感覺生命再次鮮活起來的場域。生命總在幽微之處嘗試與我們交流，它低聲細語地訴說。在微小的契合中，在有趣的巧合裡，在平凡與意外碰撞之際。有時，最安靜的低語往往最一針見血。驕傲、自我和欲望的聲音總是那般奔放，但它們經常欠缺真理的厚度。請凝神傾聽那聲悄然的「就是它了」，那些悄然萌芽，然後逐漸盈滿的聲音。

第 31 日

你蘊藏著如大海般寬廣的潛力。若無挑戰讓你跨出自己曾經以為的界線，然後重新定義，你永遠無法得知自己能力的深度與廣度。過程中，你獲得了新能量。你掌握了新節奏。你重新找到那些你以為已經遺失的事物。我們的生命力不會在體內消失，卻會受到抑制，直到我們的身體感受到足夠的安全，生命力才會再次釋放。放慢步調，讓自己適應新的常態，讓自己感受每一天的流逝，直到你確信自己已經安全到可以好好地喘一口氣，走出舒適圈，信任未知。漸漸的，你將再一次學會掌握體內那不拘的靈魂，而且這一次，你將更專注，更有把握。對於誰或哪些事物可以進入自己的生命或心底，你變得更加留意。你帶著更多的謹慎向前走去。你開始明白，當你的精力因為龐雜的事物而朝四面八方散去時，你的潛力就無法徹底激發。你開始明白，問題從來不在於你是否有能力成為想要成為的人，而在於你失去專注力，並在不知不覺間被那些總是灌輸著自我懷疑信念的人包圍。他們的影響入侵了你的潛意識，讓你以爲「畫地自限」就是體驗人生的正確框架。你開始決定哪些才眞正重要，哪些又是你活著的眞正目的，然後在餘後的時光裡，溫柔而熱切地釋放一切。

第 32 日

會有那麼一天，你必須學會超越自己所愛之事。你會明白，有些事情在某些時刻恰到好處，卻不會永久。你會明白，放下它們，並不意味著否定它們在你心裡的地位，貶低它們對你的重要性，或抹去它們帶給你的成長。你必須明白，若無成長，就不能說是眞正地活過。無法離開某處的你，自然無法朝著另一處前進。你必須學會放開某些仍舊美麗的事物，因爲你知道它們已經不再正確，因爲你知道更深刻的平靜正在等著你。生命中所有的人、地、事，都是帶著特定使命而來，當這份使命結束後，你就會繼續展開下一趟旅程。你必須明白，「放手」這個決定並不等於失敗，反而標示著圓滿：這是你讓人生昇華的眞切記號。

第 33 日

若你不知道下一步該落在何處，往往不是因爲幾步路外都朦朧遙遠，而是因爲它就近在腳下。你必須停止凝視遠方，轉而向內探索。這一刻，你感受到重塑自我的召喚。倘若你不知道下一步該落在何處，往往不是因爲你需要尋找更多答案，而是你必須學會接受手中的答案。倘若你不知道下一步該落在何處，或許該學著感受這個因應你祈禱而獲得的此刻。學會運用自己所有，成就眞正的自己。停止期盼未來某一天夢想終會實現，而是將它們從你的恐懼之中挖掘出來，然後展開行動。這才是眞正的開始。

第 34 日

有一天，你會對事情總是分毫不差地如你所願般發生，感到萬分驚訝。當採取行動的時刻來臨，力量也隨之而來。當做決定的時刻來臨，你會知道該怎麼做。當離別的時刻來臨，你發現自己在寫著辭呈。**相信自己**。你不需要準確地預料到未來的每一個波瀾起伏，但是請堅定信念，相信無論自己身在何處，都會得到守護。

第 35 日

你之所以心煩意亂，是因爲它正試圖引導你擁抱一個更溫暖的念頭，去一處更棒的地方，獲得更深的體悟。它試著揭開那處被你封閉的心，軟化那一道被生活深深磕下的疤痕。它試著挑起你的寬容之心，接受此刻與你相遇對象的眞實面貌。它試著讓你放下過時的觀點，跳脫不合時宜的框架，並讓你堅定地擁抱此刻。這一切使你惶惶不安，因爲它就像是一位信使，而你尙未傾聽它想傳遞的訊息。它之所以如此鍥而不捨，是因爲這正是你所需要的，即便你並不想面對。它之所以出現在此，是爲了帶著你成長，直到你願意讓它帶領你跳脫那狹隘且無法活出自我的人生框架。

第 36 日

當我們感覺自己很難眞正融入當下時，往往是因爲寂然不動中，正講述著我們尚未準備好接受的事實。而我們不願正視自己的時間越長，內在的世界就變得更爲喧囂。直到我們拿出勇氣，好好地直視心中的惡魔，它們才會化作哭泣的孩子，央求著我們放其自由。

第 37 日

當你的靈魂已經習慣於長久混亂的喧鬧，最健康的事物對你來說可能會顯得過於平淡。但最強烈的感受，未必總是最準確的。

第 38 日

在那個痛到無法懷抱任何夢想，無法擁有任何希望，甚至無法思考除了眼下以外任何事情的日子裡，那就休息吧。你成長在一個認爲人的生產力，只能依靠外在標準來評判的世界裡，唯一有價值的事，就是爲他人帶來貢獻。但無論你的思維模式多麼努力將此僵化信念，強加於你身上，你的靈魂都不願屈服。最終，你接受了內在自我的引導，那個深信恢復、重建、反思，並用單純的「存在」來平衡一切「行爲」的重要性的你。按照自己的節奏與步調來活，並沒有任何不對。事實上，你心底湧現出一股強烈的意志，要你將「取得平衡」視爲最優先任務。而拒絕依循固有方式向前邁進，並不是叛逆，而是你內在孕育的靈性自由終於扎穩根基的證明。

第 39 日

你之所以在此，是為了於未知之境開創新路。你之所以在此，是為了挑戰既有期待，創造新的常態，一個能徹底感知內在自由，不將外在挑戰視作絕對的死路，而是透過解決問題來培養安定堅韌的力量。你之所以在此，是為了感受盡情揮灑生命後，心中所湧現的那份感動，而不是為了窺探他人眼中生命的樣子。

第 40 日

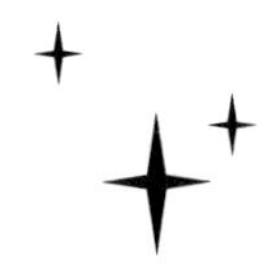

與其將自己的每一種特質視爲不變，不妨轉念想，你的環境與生活作息會引發不同的情緒狀態，一旦某些情緒持續出現，那看起來就會像是你性格中難以撼動的特點。那當你處在最平靜、最豁達、深受啟發的狀態下，周圍的情況是怎麼樣的？當你心息不相依時，又是怎麼樣的？治癒會不會就像是做出最微小的調整，再觀察這樣的細微改變，能激發出怎麼樣大範圍的迴響？

第 41 日

在我們的一生中，有許許多多事物可以放棄，但「愛」絕對不是其中之一。能放手的事不計其數，更有數不勝數的事，能讓我們坦然說出自己錯了或抱著過高的期待。有太多事物會隨著歲月的腳步，被逐漸拋至身後，或是經歷過，然後放下，但「愛」絕對不是其中之一。你必須相信愛——真實、真切且無私的愛，直至最後一刻。而不放棄愛，意味著敞開心胸，接受愛以各種形式，並於任何時刻出現。不放棄愛，意味著接受那看上去或許與你想像中並不一樣的深刻體驗。不放棄愛，意味著明白愛絕對不會讓你偏離正軌，甚至能讓你更堅定地站穩腳步。愛不是將你理想化成固定模樣，卻不支持你追求自己的真貌。愛是願意用持久、簡單且充滿人性溫暖的方式，去守護著你。到頭來，愛並不是某天突然降臨的事物，你必須學著看見自己所擁有的一切，明白唯有在你治癒自己後，才能徹底擁抱愛。

第 42 日

除非你能直視那道自我懷疑的幽影，否則你將永遠透著恐懼凝視世界，害怕那些無法徹底愛你的人，擔心對方會勾起你心中那份認為自己不值得欣賞、不配被真正了解的憂懼。就算你無法不顧一切地愛上全部的自己，你也必須找出與自己和解的辦法。你必須明白自己值得尊重，即便你還需要繼續成長。你必須學著以更溫柔的態度看待自己。

第 43 日

在你開始擁抱眞正對你有意義且值得追求的事物後，你就能成就眞實的自己。當最微小的每個日常決定都反映著你的本質，當你的直覺能在思緒出手干預前就引導著你，那麼你已經成就了眞實的自己。當你能不帶著歉意允許自己最耀眼的那一面恣意綻放，當你明白沒有任何事物能取代你爲生命所灌注的愛，你就成就了最眞實的你。

第 44 日

快樂，不需要擁有一切，而是取決於有意義、真切之物。我們確實需要一些足以擄獲我們心神，讓我們充滿生氣，讓我們感覺到存在意義的事物，好體驗唯有透過血肉之軀才能體會的感受，以及用人類思維才能理解，用人類之心才能去愛的事物。當我們拒絕接受活著的真切感受時，我們只會不斷地渴求。儘管我們真正需要的並不是走得更遠，而是走得更深。

第 45 日

放手並不是一件容易的事。要將一件占據你的思緒、時間與人生如此長久的事物從靈魂中抽離，絕非一件易事。你不應該認爲自己能不費力氣且無動於衷地將曾經屬於你的一個部分割除，然後放下。你不應該將你與自身體驗中最重要的部分隔離。願意這麼做的你，絕不是因爲自身的失敗或不足，而是因爲你心中懷抱著堅定的信念，讓你明白即便在此時此刻的境遇下，仍有更偉大的事物等著與你相遇。

第 46 日

無論做出什麼決定，請務必捫心自問：**這麼做將對我的靈魂帶來什麼影響？**這麼做會讓我更貼近於神聖的存在，還是深陷於世界的苦難之中？這麼做能讓我與理想中的自己更近，還是遠離眞實自我？這會讓俗世中的我盆缽滿盈，卻讓眞實的我一貧如洗嗎？這會引起他人羨慕，卻讓心底那個期待自己能憑藉自由，盡情施展抱負的孩子感到失望嗎？我能在生命的終點，驕傲地想著自己做了這件事嗎？我會現在做出決定，還是拖到最後一刻，才做出此刻的我早已明白爲正確的決定？我能讓自己不再繼續受苦嗎？我有這樣的勇氣嗎？

第 47 日

你知道眼前有多少完美的時刻正在展開？你知道自己擁有了多少？你知道自己度過了多少個寧靜的夜晚，有多少顆心牽掛著你，又有多少人此時此刻會非常開心地看見你的名字，出現在自己的手機螢幕上？你知道自己有多麼重要嗎？你知道自己有多麼棒嗎？

第 48 日

要知道自己過得好不好，其實很簡單。**當你踏出家門，花朵有多麼美麗？**這就是答案。

第 49 日

不要依賴所有人，請學著倚靠你所相信的對象。讓家成爲最安全的避風港。當你以爲什麼事都沒有發生時，其實一切才正準備展開。不要讓自己習慣於混亂，而錯將平靜視爲異常。愛需要我們去打造，吸引力則有賴我們去尋找。沒有人能坐擁一切，但每個人都擁有些什麼。請專注於你所握有的。當你開始用心留意，你會對自己的發現讚嘆不已。

第 50 日

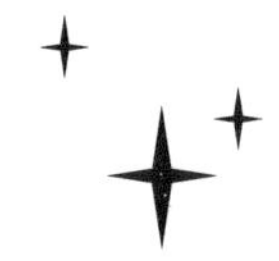

已不再與**尚未**之間的空白，界定了我們生命的轉捩點。這是一個我們再也沒有什麼必須堅守，亦不清楚自己該何去何從的時刻。在這個時刻下，許多人會重拾最久遠且熟悉的應對機制，卻混淆了「熟悉」與「正確」的不同。倘若我們能在這段期間，鼓起勇氣敞開心胸，就會發現自己創造了與奇蹟相遇的機會，讓奇蹟於我們心底扎根，然後徹底地改變我們。倘若我們能找到與未知和平共處的韌性，不再堅持每件事都必須要有答案，深信所有的情況都會透過某種形式得到解決。我們就能開始活在當下，擺脫長久以來蒙蔽著自己的執念。

第 51 日

或許別人看似不費力氣的，就過上了理想生活，然而事實上，所有令人欣喜之事都需要在時間的累積下，層層構築。每一件事都需要經過持續且有意識的抉擇，一次又一次的，直至其終於實現。靈魂伴侶的關係需要經營。理想的職涯需要打造。堅忍不拔的特質需要培養，且往往就構築在一個人最大的失敗、挫折及錯誤之上。你不需要完美。你只需要繼續前行。**你必須持續朝著夢想的方向邁進。**

第 52 日

並非所有的失去，都是失去。有些是自由。有些是第二次機會。有些是披著僞裝的奇蹟。有些是你渴望已久的獨立，爲朦朧的雙眼帶來了清晰。有些是干預。有些是對你長久祈禱的意外回應。有些帶來了治癒。有些促成了轉機。有些早先於我們的存在，就已注定。有些具有毀滅性，卻也有些如同重大的指引，在你甚至不知道需要調整的情況下，爲你修正方向，迎向那些你不曾意識到自己其實一直渴求著的事物。

第 53 日

你並沒有錯。你經歷過那些儘管表面上你看似意氣風發，卻在夜深人靜時刻，凝望著天空，思忖著這是否就是一切的日子。你經歷過那些度日如年，度年如日的時光。你經歷過拒絕。你經歷過不被他人認同的日子。你也時不時地經歷迷惘。你不必擁有一切的答案。**你並沒有錯。**

第 54 日

要眞正感受到安定，你必須達成自己的使命；必須深刻地探索自己，找出自己最耀眼的那一部分，將其高舉著讓世界看見；必須用僅有你能做到的方式，完成只有你能處理的任務；必須將自己的天賦化爲貢獻；還有不再嘗試迎合古板的完美想像，而是專注於最適合你、且注定由你來實現的豐盛生活。

第 55 日

生命是一面空白的畫布，任憑我們的潛意識在上面捕捉下靈魂的痕跡。重要的不是眼前的景致，而是你在其中看見的本質。只有後者，才能讓你獲得所需的答案。

第 56 日

你需要的並不是在他人身上尋找答案，而是等待心中早有的答案再次浮現。眞相，一直在你心裡。

第 57 日

倘若你有一顆正等著被治癒的心，那麼你必須明白，生命並不是僅有浪漫的愛情，還有同等的喜悅，亦有其他值得追求的事物。即便浪漫的愛情是你生命中不可或缺的元素，這也不意味愛情就是生命的全部。或許是因爲社會的框架，讓你深信婚姻與生育爲人生的終極目標，是重中之重，亦是唯一值得追求的目的。也或許是出於善意的人們，不希望你經歷他們內心所恐懼之事。但愛情並不是讓你逃避面對自我的藉口。愛情無法解決所有問題，許多時候，倉促的追尋反而讓我們的內心狀態更爲混亂。建立一段關係的壓力會在你心中形成一股足以扭曲自我的情緒，直到你感覺一切的關係都毫無意義。愛的存在有千百種形態，去假設僅有單一形式的愛足以讓你超脫人類體驗，洗盡一切苦痛，並讓你的餘生如夢似幻，不僅有違眞實，更對你毫無助益。這就像是將通往內心平靜的鑰匙，存放在他人的承諾上，而不是引導自己回到平靜的眞正源頭：鍛鍊自身心智，好在任何情況下去感知愛。到頭來，我們對於他人的幻想，從來不在於對方該如何去愛我們。相反的，他們只是反映了我們那份尚未覺醒的愛。他們讓我們明白，我們不需要尋求他者的愛。我們需要的，不過是澆灌那份早就存在的愛。

第 58 日

一天之中，總會蹦出些許阻礙你繼續前行的念頭。這些念頭可能很霸道，很突然，使你心煩意亂。它們出現的強度與頻率會隨時間而改變，但總是通過某種形式潛伏在你心底。你的任務就是在這些念頭說服你，讓你信以爲眞，讓你以爲它們是某種可靠的指引之前，揪出它們。你必須學著詢問自己：**這個念頭能引導我前往何處？**它能帶來更深刻的透澈，還是攪亂平靜的心湖？這是我心中最具同理心、最有熱情且充滿力量的自我，願意相信的事情嗎？我眞的要根據此一念頭，採取行動？要嗎？

第 59 日

衡量理想生活的標準，並不在於你能多大程度地避開所有的不舒適、壓力與改變，而在於你能多優雅地應對這一切。倘若人生未曾經歷過任何一絲阻礙，只不過證明了你的靈魂乏善可陳、生命一片貧瘠，因爲你從不嘗試任何事情，不爲任何事情挺身而出，亦沒能善用賦予給你的才華。我明白不被認可的感覺，就像是這世上最糟的事，但事實上，爲了讓自己不遭遇任何一絲反對，而選擇徹底不作爲，才是最壞的情況。不管你有沒有經歷過挫折，眞正可貴的永遠是那份迎戰的勇氣。這才是眞正重要之事。這才能眞正定義你。

第 60 日

當你感覺某段關係正在崩壞，此刻的你必須提醒自己，不該左右他人的命運。此刻的你必須提醒自己，不要認爲你對他們的期盼，跟他們自己懷抱的夢想一樣。愛一個人，意味著讓對方擁有自主權。尊重對方要走的道路，以及他們對於時間與人生安排的選擇。學著以此種方式去愛，才是獲得眞正親密的唯一方法，一種並不是建立在期待或需求之上，而是兩個自由的靈魂，願意將心力投注到另一方身上的愛。這才是你眞正渴望的——符合直覺且清晰的愛，不會讓你懷疑或擔心自己是否值得被放在第一位，是否值得被愛。愛選擇了你，正如同你選擇了它。

第 61 日

與其投注大量時間去理解抽象的自我，不如跳脫思緒，直接觸及生活面。只要挑選一件事就好，然後用不同以往的方式去做。用最平靜、最親密的方式，守護自己。當你以最堅定、不可否認且一致的態度，證明你與過去想像中的自己不再一樣，你對自我的認識也將獲得重生。

第 62 日

失去自己並不總是一件壞事。重點在於失去自我的某些面貌。重點在於讓你的某些部分，在自我蛻變的火焰之中崩解。當新的證據與體驗呈現在你面前，當你吸收新的觀念，解決新的問題，獲得新的技能，認識新的想法，並更深入地理解這個世界的眞貌，你獲得了成長。你不該終其一生，都處在靜止的狀態。當有人對你說，**你變了**。你應該回答，**你怎麼沒變？**

第 63 日

不是每個人都能理解你所經歷的旅程，因為不是每個人都可以懂。不是每個人都能與內心的渴望和解，或停下來誠實地反思自己，以及自己眞正想要成為的樣貌。你的蛻變只會凸顯出某些人的停滯不前，以及圍繞在他們周圍那堅不可摧且無法割捨的安逸堡壘。別人的成長之所以會挑起我們的不安，是因為我們心底深處的某個部分，也渴望著同樣的改變。但我們體內也有另一個部分，抗拒著這樣的變化。請記住，自身經歷的價值，與他人對你經驗的評判並不成正比。即便這個世界上，只有你一個人知道自己即將前往何處，這也足以帶你抵達彼方。

第 64 日

或許旅程的此一階段，就是拿來做準備。或許你該培養跨出第一步的勇氣。或許你該找到那份能在逆境之中支持自己的毅力，那份在你心灰意冷、精疲力竭且徬徨迷惘的日子裡，繼續前行的毅力。或許旅程的此一階段，需要細心觀察——探索那個你想成爲其中一分子的世界，你希望擁有的體驗，你渴望成爲的人。或許抵達終點的時機尚未到來。或許你心底還存在著尚未覺醒的夢想。

第 65 日

當你知道自己想要成爲的人，你就能更輕易地與過去的自己和解。你能更輕易地從過去的經驗中，汲取所需教訓，然後放下。讓你獲得一切必要知識的體驗——無論當下這些經歷帶給你多大的痛苦，皆有其意義。它們都不會白費。你所承受的煎熬並非徒勞，你所遭遇的痛苦亦非毫無價值。你完成了最艱鉅的任務，你凝視了恐懼的幽暗面，並從中找到希望，發現意義，發掘更宏大的眞理。

第 66 日

烈焰只會吞噬本就不該存在之物。

第 67 日

你的故事不必說給每個人聽。假如他們尚未證明自己有意願傾聽你，溫柔地接受你，那麼你沒有義務和他們分享你親身經歷中並不完美的那些細節。對於某些事情，你有權維護其神聖性，也有權只讓少數人知道。這麼做並不是否定自我，而是保護自己。這也提醒了你，就算在這個將自身存在的所有細節大肆宣揚的世界裡，想要練習辨別力也完全沒錯。你本就可以選擇誰能觸及到你的脆弱。

第 68 日

沒有人一開始就是勇敢的。勇氣往往是出於必須，然後從我們內心的最深處挖掘出來。這發生在你允許自己對某件事物的愛，超越你對這件事物的恐懼。這發生在你讓機會的聲音，稍微壓過質疑的聲音。這發生在當熟悉的猶豫不決再次襲上心頭，但你還是決定採取行動。你發現自己一次只能前進一點，卻依舊堅定向前。我們之中沒有任何一個人的心，能毫髮無傷地走至生命的終點，因爲這樣的一顆心只是代表了不曾被觸動。若你能意識到這一點，一切就會豁然開朗。當你明白，眞正的圓滿是如實接納自己的所有面向，你就會獲得勇氣。當你明白，自己不需要時刻保持冷靜與篤定，而是無論多麼艱難，都能重拾前行的力量，你就會獲得勇氣。

第 69 日

你和那個為了度過沒有選擇的難關，而不得不變得冷酷的自己，本質並不一樣。你和那個為了解決自己並不願意選擇的經歷，而不得不變成的自己，並不一樣。你是那個面對內心的空洞，並將其釋放的人。你是那個要求自己繼續向前，持續治癒自己的人。你是那個今日依舊站立於此的人。

第 70 日

爲了追求可能的輝煌而放棄眼前的美好，是世上最令人恐懼的一件事。但你並沒有意識到，就在那一刻，你已經做出決定。此刻，你眼前的道路正引導著你與這個決定和平共處，無論這個決定需要經歷多少心靈上的拉扯、辯證、剖析或消化。最終，你會發現自己早就明白。你在尋找的不是答案。你在尋找的是勇氣。

第 71 日

所有的小小不協調、時機的錯置，以及那些從你指縫間流走並逝去的事物，或許不是混亂宇宙的惡意阻撓，而是超凡宇宙的有意爲之。請相信微觀世界偶然也會出現失誤，因爲在其背後，還有更宏偉的事物正在成形。

第72日

假使你覺得自己還需要在這裡待久一點，或許你是對的。假使你覺得還有更多需要被釋放，或許確實如此。假使你覺得自己正站在突破的邊界，或許就是如此。即便此刻的你還不清楚未來的結局，不理解一切會如何開花結果，這也不代表現在的你，站在錯誤的位置上。

第 73 日

每一天的每一個時刻，並不總是能成爲建構完美生活的一環，但你幾乎總能在最細微的瞬間，發現意義。即使看似毫無意義的選擇與巧合，也能帶領你通往最深刻的道理。我們無法知道此刻的經歷，會勾起什麼樣的漣漪。你不需要相信尚未親眼見證的事物，但請全心擁抱當下，順應其試著帶你經歷的轉變。你明白的遠比你知道的還要深。

第 74 日

有些時候，你爲了安全而築起的堡壘，也會成爲阻礙你將熱情灌注到生命中的那堵牆，讓你無法貼近他人的內心。曾經的安穩成爲如今的束縛，自我挫敗的念頭撲面而來，阻礙了你與外界建立連結，警告著你不要企圖從堡壘中伸出手來，以免招致痛苦，帶來傷害。有些時候，你只能一磚一瓦地瓦解這堵牆。你必須透過最細微的地方，讓自己被看見。然後繼續努力，繼續成長。你不需要從明天開始，就變成更好的自己。你只需要讓內心那變得冷漠與堅硬的部分開始融化。不要讓舒適圈成爲監禁你的囹圄。

第 75 日

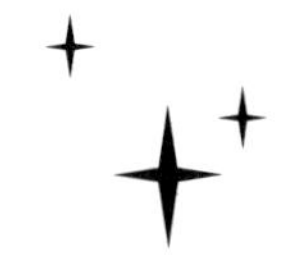

沒有人告訴你，死亡與重生可以發生在同一副身軀裡。曾經如此熟悉的回憶，如今卻變成一段不帶著任何情緒的往事，因爲你與它的連結已獲得釋放。沒有人告訴你，清楚刻在腦海中的記憶，居然能變得如此模糊不清。沒有人告訴你，最終你會最後一次回想起那件困擾著你的事，而你甚至沒能意識到，那竟是最後一次。沒有人告訴你，你會遇見自己的那個部分，那個就像是從虛無中浮現的新生命，與數年前被你捨棄並以爲再也無法相遇的自己，並肩而行。沒有人告訴你，有些事情永遠不會失去。沒有人能爲你解釋生命那細膩而錯綜複雜的事，因爲這些只有你、也僅有你能定義。這是你獨自一人，注定要經歷的啟示。那部由每一個死胡同交織而成、遠比你任何想像還更美麗的故事。這才是眞正地活著——並不總是知道自己即將前往何處，而是明白最終，你一定會到達。

第 76 日

倘若他人的愛無法讓你安心到足以敞開心扉，無法讓你更溫柔地對待自己，無法讓你用自己長久以來所渴望的方式去活，那麼這份愛並不適合你。不是因爲你不配，而是你值得擁有的，是相處時幸福，獨處時亦能由衷快樂的關係。

第 77 日

如果你總在擔心自己會犯錯，害怕事情快一發不可收拾，憂心自己有嚴重的疏失或錯誤還未被識破，學習以正向的好奇心來面對生活，將是別有天地，能好好扭轉那些念頭。把你鑽牛角尖的精力，轉移到能扶持自身成長的事物上。不妨轉念想想看，你或許會驚喜地發現，事情比你想像的還要容易。此刻的經歷說不定能帶給你重大的體悟，或獲得啟發。不妨轉念想想看，那些最壞的情況是不是幾乎不曾發生。再想想看，糾結於這樣的念頭，不僅無法保護自己，只會讓你的思緒更明確拼湊出那糟糕的境地。

第 78 日

如果你能明白，生命的意義存在於每一個細微末節裡，你就會發現自己的欲望從來不曾超出你所擁有的一切。你會發現眞正的喜悅，是善用自身所有，佇立於此地，熱切地愛著選擇與你同行的人。你會慢慢地發現，虛榮的欲望不過是反映出內在缺乏眞實深度而已。

第 79 日

你不需要永無止境地奔跑。你在尋找的答案，或許一直在你心底。這趟旅程的目標，是堅定內在的決心，選擇那條你一直以來都明白是正確的道路。即便全世界都不懂你，也即便你或許會讓他人感到失望，即便這麼做可能讓你害怕，讓你陷入困境，讓你處在前所未有的脆弱處境之下。我希望你能理解，實踐的意義並不總在於最後的燦爛，而在於過程中所踏出的每一步。當你改變了自己與今日的關係，你同時也改變了你與明日的關係。

第 80 日

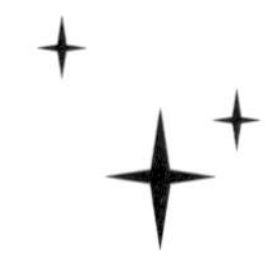

沒錯，你必然會受傷，但你可以用時間來治癒自己的傷口。你會學著聽取他人的不認同，但不立刻內化，而是純粹把它視爲對方的一段經歷：一個無須觸動你，亦無法影響或強迫你給予回饋的經驗。你會感受到自己的神經系統開始運作，你的心臟劇烈跳動著，但你不會做出自我毀滅的行爲。即便那些舉動就如同 OK 繃般，能透過某種近似於自虐的方式，給予你慰藉。在你疲憊且心力交瘁時，你會感受到。然後決定更愛自己一點，同時遏止繼續投入的衝動，讓自己好好休息。你會學會更認識自己，懂得覺察那些需要寧靜、需要與人接觸、需要最基本滋養的時刻，並懂得讓自己獲得這些養分。你會被拒絕，但這不會是世界末日，亦不會摧毀你的內在世界。沒錯，你必然會受傷，但你會越來越能承接住自己的傷痛。

第 81 日

你來到一個世界，是一天必須工作八小時，因爲這就叫做生產力；必須投注四十年光陰在一份你提不起勁的工作，因爲這就叫做安穩；必須交越多朋友越好，因爲這就叫做人際關係；必須盡可能忙碌起來，因爲這就叫做充實；是會慢慢失去那些讓你充滿生命力的事物，因爲這就叫做責任心。因此理所當然的，你覺得夢想幻滅，感到受傷。我們打造的社會，往往無法容納人類靈魂經歷的各種層面、複雜性與改變。所以，你必須學會在這樣的世界裡，創造出自己的小宇宙。然後也許、只是也許，你爲自己掀起的波瀾能蔓延到他人身上，激勵他人採取同樣的行動。或許你的人生能成爲一座燈塔，指引某顆破碎的心，讓他們明白自己的人生還有其他可能，一切也都還有希望。

第 82 日

在生活的某些時刻裡，你需要的不過是走進花園，讓自己漫無目的地遊走著。讓自己寫著，任文字盡情延續。讓自己去愛，就算不知道這份愛的終點會通向何處。去聆聽，而不是傾訴。去尋找撫慰，在無人知曉的靜謐時刻。或許你不需要時時刻刻尋找著答案，只需要在最終明白，不是所有事物都如開放式問題般需要深究。有些事，自有安排。

第 83 日

倘若有件事總是縈繞在你心頭，揮之不去，那麼其中或許還有你尚未釐清的道理；還有待你領悟的片段；還有待你細心研究的元素，待你汲取的智慧。你無法輕易地放下，並不是因爲你有缺陷。你被引導著以全然誠實的態度，審視自己，找出內心那些能容納深刻蛻變的空白之處。這些召喚之所以揮之不去，是因爲其中還有某些事情等待你去完成，亦有某些道理等著你去領悟。

第 84 日

沉重，是因爲你不應該在這麼長的一段時間裡，背負著一切。沉重，是因爲打從一開始，這就不該由你來承擔。沉重，是因爲人類本就不該一直背負著過去最沉痛的記憶。沉重，是因爲舊世界入侵了新世界。沉重，是因爲其要求你放下。沉重，是因爲某部分的你感受到了，只要你能放下一切，或許能蛻變成怎麼樣的人。沉重，是因爲某部分的你變得如此輕盈，讓那些過於笨重而無法與你一同昇華的重擔，最終只能捨棄。

第 85 日

你的意識流不代表你的眞實。眞實，不意味著在任何時刻下隨心所欲，且從不思考一舉一動所掀起的漣漪，或引發的後果。而是持之以恆的努力，奠定了你。不是你的想法、感受，甚至是恐懼，而是你的選擇。當你能在冒出嚴格批判的念頭之際，決定展現善意，那麼善良就是你的招牌。當你能在面對深深的未知時，展現出堅毅、力量與勇氣，那麼具備心理韌性就是你的形象。某部分的你不可改變，但其他部分的你，有能力適應、調整與改變。你並不是過去一切的加總。你可以反抗過去，成爲自己想要的樣子。

第 86 日

幸福是日積月累而成，是你爲生命所灌注的儀式感，並讓自己融入其中。你以爲幸福是一股持續向前的動力，要靠一點一滴積累來成長，永無止境。但其實，幸福是朝著同個方向，不懈地努力。幸福是要你深化連結，發現美好，並學會與自己自在相處。幸福是學著依循內心深處的渴望去探索世界，並找出最適合自己的歸所。幸福是以感激的態度活著，確認自己與更偉大事物的連結，並讓你感覺自己正朝著某個方向前進，且總有一天，所有零星片段都會匯聚成更具意義的事物。

第 87 日

與其試著釐清哪些事情百分之百適合你，不妨多留心這些事物是能撥動你心弦，還是讓你感到混亂不和諧。問問自己，這件事能讓你的身體逐漸放鬆，還是緊繃。問問自己，這件事帶給你的能量，是否多過於你投注其上的。問問自己，這件事是否吸引你，讓你著迷或欲罷不能。了解自己能從中得到什麼。了解這條路會通往何處。留心自己身體最細微的每一個回應：你因爲此一經歷而略微敞開或封閉自己的過程，並記錄下每一個微小的巧合。讓自己透過最平靜的方式，獲得指引。

第88日

「發現自己」這件事在極大程度上，是於他人身上找到不曾見過的自己。那些具備了熟悉卻又陌生特質的人，那些能喚醒你內心最猛烈嫉妒與最豁達體悟的人。而這兩種情緒，同樣在引導你進入自我覺察。無論你做了什麼，請永遠不要忘記，你在他人身上所見到的，亦存在於你身上。這並不是一趟挖掘自我缺陷的旅程，而是找出最適合你成長且茁壯的空間。壓力並不是源自於他人占據了你本可以表現的領域，而是因爲你在他們願意擁抱、肯流露出來的特質之中，發現了自己的苦苦壓抑。你的自我企圖將那些人塑造爲敵人。但你的靈魂知道，他們其實是良師。

第 89 日

不放棄自己，亦即絕不屈服在自己最差勁的衝動之下，並不總是像打贏一場無形的戰爭。有時更像是坦然面對自己，詢問自己，**我該怎麼做才能扭轉局勢？**就像是終於屈服在那股冥冥之中告訴你，你已經偏離常軌的內在之力。也像是終於學會和自己共處，追隨自我的指引。聆聽、傾聽並回應。用最基本的方式來愛護自己。同時明白，你之所以缺乏持之以恆的動力，並不是你天生有缺陷，其實是一股更強大、即便憑你最強烈的意志也無法凌駕的智慧，所傳達的指示。這是終於領悟，在靜謐之中，還有事物等待著被聽見。

第 90 日

要看見這個世界的錯誤很容易，但要探索內在、亦即一切世界的源頭，則很困難。明白某些地方需要改正很容易，但先從自身的觀念開始導正卻很困難。明白何處缺乏愛很容易，但要深入內心，並讓愛從自己散播出去則很困難。知道哪裡必須改變很容易，但出手改變卻很困難。

第 91 日

如果你從最初就知道，事情本就不需要第一次便做到最好，可以經歷多次的嘗試與失敗呢？你會不會多給自己一點寬容，讓自己更人性化一點？假如你對自己的期望不再是打從一開始，就必須盡善盡美，並明白唯有透過持續的投入、嘗試、堅持下去，在恐懼的煎熬中努力不懈地鍛造自己，以完成靈魂的淬煉，你是否能從經驗中收穫更多？

第 92 日

「滿足」並不像是一個可以抵達的定點，而是心中的一份感受。這是一種安然自得，明白自己找到了歸屬。這份感受無法來自他人。沒有人能送給你自我接納或內在的歸屬感。有些時候，我們過度在意別人的看法，不過是爲了掩飾自己感覺不太對勁的手段。就好像只要讓身邊的人相信，我們確實走在正確的道路上，就能因此離目標更近一點。但我們無法用理智來矇騙眞心。我們無法靠列舉事實，來量化和界定何謂「滿足」。我們只能深入心中那處靜謐的小天地，誠實以對。唯有明白，愛自己並不是來自外界的評斷，而是源自於內在的滋養，我們才能走出內心痛楚的迷宮。

第 93 日

今日的一切，皆構築在昨日的種種微小選擇之上。你把鞋子脫在了哪裡，還沒回覆的郵件，忘掉的預約。揮之不去的情緒在心底徘徊，沒能得到消化與安置。然而，當你能更好地設想到未來的需求，你就能更輕易地融入當下。當你越來越能掌握這樣的平衡後，你就會發現，自己漸漸能輕鬆地喝著茶，而不需要擔心那麼多事物，因爲一切都已穩妥。卽便事情尚未解決，你也確信自己能夠做到。你不需要重新啟動自己的神經系統，更不需要依賴腎上腺素，來逼迫自己專注，以確保自己記得處理某件事。你的選擇不僅開始體現出你是怎麼樣的人，更反映出你卽將成爲的面貌。

第 94 日

傾聽內心那處試著被聽見的部分。那部分的你，總是輕聲低語，溫柔地指出內心尚未敞開之處，心結未解之處，有待成長之處，以及需要去愛的人。有些時候，我們的主導思維並不能準確地反映出最真實的內在自我。我們的身體透過細微的動作在說話。當我們能學會不僅注意耳朵聽見的聲音，更能關注到身體的感受後，我們就能喚醒嶄新的生活層次，展開全新的人生體驗。

第 95 日

我們看待事物的方式有兩種，一種是帶著批判，另一種是帶著創意。我們度過人生的方式也有兩種，一種是持續批評周圍的事物是多麼地不足，另一種則是改變觀點，思考如何將你所擁有的事物，轉化成你所期盼的樣子。你可以尋找並專注在自己的不完美之上，亦可以透過那些不完美的裂縫，看見自己大幅成長的可能，並找到最崇高的使命與最宏大的願景。

第 96 日

所謂的成熟，就是明白自己不需要做到人見人愛。你不會是所有人的宇宙中心。然而，你是自身的創造者。你必須決定，哪些人可以成為你故事中的一部分，占據多少篇幅。你可以和乍現於心頭的靈感共舞，也可以任憑它們悄然流逝。你可以決定真正適合自己的路，而不是努力將自己塞進以他人為主角的人生旅途中。

第 97 日

內在智慧的使命，並不是為你人生際遇中的每一道疑惑解答，而是引導你邁出正確的下一步。你不需要預知這條道路上的每一個轉折，因為這會破壞你之所以在此的全部意義；也會破壞你之所以生而在世的一切意義。沒有任何一個人，能知悉未來的每一種可能。我們的使命不是讓自己能更好地預測、評估或執著於未知的朦朧，而是誠摯地相信接下來的每一步都是必要的，亦會帶領我們得到自己長久以來所期待的一切。

第 98 日

當你能真心擁抱生命的真實樣貌，生命就會蛻變成你所渴望的樣子。

第 99 日

面對沉重的情緒，你需要的不是插手，而是給予關注。當你能徹底感知自己最完整的情緒狀態，情緒就能慢慢獲得釋放。當你因爲拖延、逃避、抗拒或破壞自己對情緒狀態的感知，而深陷於其中無法動彈時，你只是助長了痛苦的蔓延。在你開始關注到體內情緒的流動，你或許會感受到一股激烈的反應。在你開始留意到每一種讓自己不舒服的情緒後，你會想要去修正、改變，或設法擺脫這樣的感受。但這麼做只是徒然，因爲感覺並不是一種可以修正、改變或視而不見的事物。感覺就存在於你心底。它並不需要被具象化，以安身於天地間，而是單純地需要經過消化、處理，最終轉化成潛意識內的智慧，讓你用著遠超出於此刻所能想像的力量，繼續前行。

第 100 日

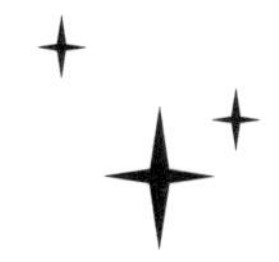

生命知你所不知之事，聞你所不聞之語。生命能看破你尚且無法徹底探究其本質的對象。當你最渴望的事物突然不再給予你回應時，請相信生命。你必須相信，生命正在保護你，讓你的心免於繼續被撕裂。它正在保護你不要繼續將珍貴的一分一秒，投注到無益於自身的事物上。正因爲生命不會背叛你，所以你也必須學著不要背叛它。

第 101 日

渴望平靜的日子也很好。那種於細微之處藏著驚奇的生活，在乍看之下平凡無奇的時刻裡，只要細心留意，便能在心中開啟那塊尚未被他人覺察的空間。嚮往輕鬆寫意的人生也很好。那種並不是以「達成」爲目標的人生，而是簡單地用雙手緊握此刻所擁有的事物。那種允許你用自己的步調前進，開創屬於自己時間的人生。而你畢生的志業，就是成爲充滿愛且堅定的存在。那種能讓其他人感受到，靈魂能蘊藏著多少善意的人生。

第 102 日

你注定會變。你的想法也注定會變。你的感知也注定會變。你對這個世界的渴望，也注定會變。你注定經歷成長，經歷適應，經歷蛻變。你注定褪下破舊的外衣。你注定學會放手。無論是每個細胞，還是每個念頭，身體的機制使其能消化、代謝並自我修復。相信此一過程。明白我們其實不需要強迫自己放手。我們所要做的，不過是接受事物已然逝去的現實。我們不需要哀悼被世界所奪走的事物，只需謹記那些曾於心中綻放的美麗，皆永存於我們心底。無論我們的下一步能走到哪裡，做到哪些事，那份美麗也將同樣於該處生根。只要是眞正屬於你的事物，終將在彼端等著你，因爲屬於你的一切，皆存在於你心底。永遠不變。

第 103 日

所謂的眞理，勢必會先挑戰你，從而讓你做出改變。它會讓你開始質疑自己所身處的框架，是否眞能反映你的極限，抑或只是反映了舒適圈的範圍。眞理總會讓你停下腳步，因爲唯有如此，才能讓你改變方向。它要你經歷試煉，好給予你獎勵；只有在相信你的能耐以後，它才願意傾囊相授。眞理之所以要擊垮你，是爲了帶你踏入嶄新的現實。在眞理讓你領略眞確之前，其必須先帶你認識錯誤。

第 104 日

你需要的不是不必奮鬥的人生，而是值得奮鬥的人生。

第 105 日

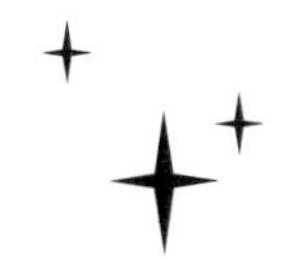

若你總是急於將眼前的每一塊拼圖塞進正確的位置，你將錯過這趟旅程的真正目的──沉浸其中。允許你身上所有不和諧的元素共存、凝聚，或隨時間自然而然地消逝。經歷愛，也體會失去，然後關注那些留下來的。明白有千百種的愛，渴望降臨到你生命。聽從內在的指引，讓它帶領你經歷一個遠超乎於你所能想像的美麗故事。**你不需要確定結局確實完美，才能踏上旅途**。你不需要此刻就能肯定。在接受本就不該被改變的事物以後，你就能獲得平靜。

第 106 日

勇氣能幫助我們面對自身的行爲模式並修正方向。勇氣能幫助我們抵抗對熟悉的依賴。絕大多數的人不曾意識到，重複做一件事情的衝動能多麼地頑強，而那條再熟悉不過的道路又會如何束縛我們，直到我們眼中除了那條路，什麼都看不見。勇氣能幫助我們做出不一樣的選擇，去相信那些儘管尚未親眼見證、卻能感受到的事物。勇氣能讓我們選擇與衆不同，選擇謙卑，選擇改變。勇氣能幫助我們成爲眞正想成爲的人。

第 107 日

韌性並不總是等於強悍。有時，那是願意讓事情流經你，順其自然的溫柔。有時，那是不意氣用事，只是單純地感受那些你不想滋長的情緒，然後放手。

第 108 日

終結痛苦的過程，是折磨的。去消化、去感受、去放手很痛。去哀悼、去面對、去釋懷很痛。正因爲如此痛苦，許多人情願長期處在淡淡的煎熬之中，以逃避面對恐懼時，會感受到的強烈、但短暫的感受。結束痛苦的第一步確實很痛。但在另一端等著你的，是平靜。嶄新的人生亦等著你。

第 109 日

受傷的本質是在告訴你，你內心還有某部分在戰鬥；仍在為平靜而戰；仍期待著美好；知道仍有太多尚未體驗到的事物。儘管經歷了這麼多，你的心仍舊期待你能讓它被看見，被愛著。你內心深處存在著某股力量，強大到足以讓你褪除那些你並不是真心想要擁有的面貌。如你所理解的，治癒是一段煎熬的過程。為了痊癒，你不能繼續麻痺自己。為了奔赴高處，你必須通過低谷——但不是因為高峰之間必然有低谷，而是生命本身就是一場無法預測、顯而易見且華麗的混亂。當你開始投入其中，就會發現那些真正過得好且被深深愛著的靈魂，往往不見得總是沉著冷靜，但他們總能隨心所欲地追求渴望，不被恐懼圍困。

第 110 日

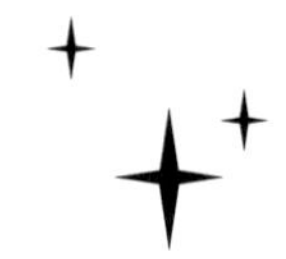

世上沒有任何一個人，能確切地知道你所身處的位置，是否正確。即便你取得這個世界所定義的成功，倘若你內心深處明白，你並沒有獲得眞正的滿足，你就必須相信這份感受。你必須明白，你的存在並不是由其他人能否對你留下深刻的印象來評斷，而是根據你的勇氣能否在自己的生命本質之上，留下不可磨滅的印記而定。無論你是否全心投入在這場冒險之中，也不管你從中獲得什麼。

第 111 日

爲了專注於內在，就算消失一段時間也沒有關係。爲了重新再來過，就算消失一段時間也沒有關係。清空一切，從頭再來過也沒有關係。如今的世界，並沒有給予我們經歷正常過渡期的餘裕。你需要在自己的生命中，創造出適當的空間來標記內在的成長，爲自己記錄一個篇章的結束，和另一個篇章的開始。

第 112 日

倘若你的價值對他們來說，並不是如此理所當然，那麼他們便不值得你努力說服。我們無須將不重視自己的人視做一項挑戰，強迫自己曲意逢迎，以獲得他們的喜愛，或失去自我，迷失在對方的理想之中，猜想著自己能多快扭轉對方的想法。一個不重視你的人，無法如你看待他們那般看待你，但這絕不是因爲他們才是那個擁有他人所模仿不來的獨特魅力之人。他們不過是被你賦予了神聖光環的凡夫俗子。當你將目光轉移到下一位同樣能點亮你心靈的人身上，你將發現他們其實一樣。眞正閃耀著光芒的，是你。一直如此。

第 113 日

當你感覺疲憊，請好好休息。當你深受感動，請採取行動。當你獲得靈感，請盡情揮灑。當你滿懷希望，請放手一搏。當你心存懷疑，請耐心等待。當你準備好了，請選擇行動。這些情緒狀態就如同開啟機會的那扇門，若你決定無所作爲，就等同於拒絕踏入它們想引領你前往的平行世界。傾聽你的身體，聆聽你的靈魂。這些情緒並不是隨機出現，它們總在正確的時機，爲你開啟或關閉那扇門。

第 114 日

大聲說出，**這不適合我**，沒有關係。大聲說出，**我現在最優先考量的不是這一點**，沒有關係。大聲說出，**這不是我所期待的體驗**，沒有關係。有時劃清界線，說那些其實無法爲你帶來快樂或意義的事「行不通」，會輕鬆一點。我們需要一些時間，才能區分「不想做」與「不能做」的差異。你無法時時刻刻掌握一切。最終，有些東西你必須放手，有些事物你必須割捨。與其細數自己無能爲力的理由，陷入更深的迷惘。不妨將自己的精力視作最珍貴的投資，然後根據情況分配。

第 115 日

一旦曾經支持著你的事物變成阻礙，或當你爲了短期的滿足感，忽略長遠的利益，安逸就成爲了惡習。一旦滋養身心，變成只想做讓自己舒服的事，而不是去探究身心失衡的元凶，安逸就成爲了惡習。一旦熟悉的事物變成唯一的可能性，安逸就成爲了惡習。一旦安逸無法幫助你面對恐懼，反而讓你永遠在逃避，它就成爲了惡習。

第 116 日

如果你認爲，讓自己毫無顧慮地自由奔跑，肯定會因此跌倒，那麼你或許沒有意識到，你早已穩穩地站著。在原地停留，有一種表面的安全感──但人生是用來體驗，而不是忍受的。上天賦予你生命，並不是爲了讓你在死亡之前，如行屍走肉般地活著。上天賦予你生命，並不是要你以最完美的狀態，抵達終點。你或許以爲，最糟的處境莫過於失敗。但事實上，最糟的處境是你因爲恐懼失敗而動彈不得，無法在有限的生命裡，實現任何有意義之事。

第 117 日

你最美好的特質，即便在你離開以後，也會繼續長存。其他的一切，不過是遮蓋在你閃閃發亮靈魂之上的陰影，兩相映照之下，照見自己眞實的面貌，與你眞正的本質。

第 118 日

即便你感受到的，只是最細微的一絲快樂，也請放慢腳步。盡最大可能，讓這一刻延伸。讓其帶領你進入一個凡事皆有可能、一切皆能成眞的空間。讓其喚醒你心中的感激之情，去注意心靜的無比自在，無比放鬆，無比肯定。這才是眞正的你，儘管生命中的風風雨雨，曾讓你有過不一樣的念頭。無論你放棄自己多少次，這都會是你終將恢復的面貌。這個始終如一的你，就是眞正的你，亦是完整的你。

第 119 日

並不是時機點對了，我們就會進步。只有當我們逐漸讓那些更有趣一些、更美麗一些、更吸引人一些的事物，攫取我們的注意力，我們才能踏進那個由自己創造出來的新世界。

第 120 日

「注意力」對於人生有著決定性的影響。你所投注心力之處，亦決定了你的能量狀態。當你覺得陷入瓶頸，往往是因爲你在不知不覺間，用執念把自己逼進困境。而找到出口的辦法就是抽離，即便只是短暫跳脫出來也好。允許自己接觸其他事物。它們不需要很絕妙，也不必令人充滿希望。只需要是不同以往、能抓住你的注意力和吸引你，且足以讓你跳脫現狀、邁向嶄新旅程的事物就很好。只要這件事能讓你想起，此時此地並不是你唯一能找到的歸宿。

第 121 日

該如何判斷自己陷入了自我破壞？狂風暴雨不會因為你追逐著烏雲，就因此過去。你之所以緊追不放，是因為你覺得自己不值得光明。人生總有必須忍讓之時，但不會是一輩子。黑夜終會過去，但我們的思維卻會讓我們以為，夜暮將永遠低垂。暴風圈也可能成為我們的舒適圈。它或許是唯一一處，能讓我們覺得可以好好照顧自己，能拒絕這個世界，能找到眞正的自己，能選擇眞正對自己有意義的事，能表達那些我們只會藏在心底的感受。然而，旅行的意義不該在於你能多快逃離這場雨，而在於你是否能停下來，問問自己，哪一部分的你因此感受到滋潤，以及是否有更好的方法。

第 122 日

有些時候，事情沒能如我們預期般展開，是因爲它們依循的是更爲宏觀的時間軸。有些時候，你爲自己做出的選擇，僅是出於那破碎的自我認知。有些時候，已經習慣於暗處的眼睛，在接觸到光亮時會感覺刺痛。有些時候，人生給予你的事物，會多過於你主動索求的。倘若如此，就順其自然吧。你應該鬆手，讓人生帶領你突破自己的想像。

第 123 日

最重要的，是到了最後，你能留下一個讓自己引以為傲的故事。這應該是你做所有決定時，所依循的準則：**當年邁的你在講述著自己的人生故事時，你會說些什麼？**

第 124 日

每一位你所認識的人，每一位在街上與你擦身而過、每一位受你批評、每一位你不喜歡，每一位你認爲與自己截然不同者，全都爲內心那場鬥爭，靜靜奮鬥著。他們內心也經歷著與你非常相似的痛。或許惡魔的外貌各異；說不定惡魔有不同的名字，也可能在某些時刻下，我們對它的感受總是更爲強烈，但終歸來看，它都以相似的方式圍困著我們。這就是深刻體會生而爲人，所代表的眞正意義——明白我們全都懷抱著某種念想而活。請懷抱同理心，因爲無論表面看上去如何，所有人、包括你，都面臨著自己的那座山。

第 125 日

不是你的每個部分，都可以被捏塑。也不是你的每個元素，都想要、或需要被修正。總有那麼一處，只是單純渴望被愛。

第 126 日

了解他人，或許沒有想像中那樣難。人們往往比我們爲其編織的故事，更爲直接，更爲透明。人們的行爲反映了內在的感受。而人的內心是如此複雜。他們的反應忽冷忽熱，因爲他們心存疑惑。他們願意爲自己珍視的事物挪出時間，他們也願意參與讓自己感到自在且認同的事物。他們可能確實在乎，但是倘若他們對你說，**現在不是時候**，那麼他們是眞心的。倘若他們對你說，**不該是我**，也是眞心的。倘若他們對你說，**你值得更好的**，他們是眞心的。另一方面，他們說愛你並表現出一致的行爲時，他們也是眞心的。他們留下來與你一同走過滂沱的暴雨，展現對你的尊重，他們是眞心的。他們用充滿愛的眼神凝視著你，那也是眞心的。不要只是聆聽對方的言語，請觀察他們的行動。那才是眞實的他們，亦是其眞切的感受。他們在你生命中的重量，將由你來決定。

第 127 日

「到達」並不意味著**我能擁有渴望的一切**，而是意味著，**我已經擁有所需的一切**。

第 128 日

當你把新的線材織進現實的布料裡，一切都將爲之改變。所有的事都不一樣了。與其想著該如何一次性地改變自己，不妨先從小小的一角開始，然後觀察這場小小的勝利是如何掀起蛻變的大浪，徹底顚覆並浸潤你的人生。

第 129 日

「長大」意味著明白，世界並不是圍繞著你而轉。不是每一場潮流，每一刻，每一個人，每一個機會，或每一個念頭都適合你，也並不是所有的事物都與你合拍，更並不是所有的事物都適用在你身上。但你必須同時學會不將這些視作否定。學著成就最棒的自己，而不是別人的影子。

第 130 日

放下並不意味著拋下手中的一切，而是一步步地拆解。這就像是舉起手中的事物，並問**這屬於我嗎？這是真的嗎？**這也是尋找自我與治癒的眞諦，更是放下的眞義。抓起那些你無論如何都不肯鬆手的事物，問問自己爲什麼會如此執著。發現這些事物的眞正意義，讓其成爲蛻變的催化劑。

第 131 日

若要減輕自己的心靈負擔，你必須清楚界定人生的每一個篇章，為一個階段的自己劃下句點，然後迎接下一個階段。你不需要反覆思量自己曾經做過的事，因為你已經不是那個人。你已經不同了，你的人生也不再一樣。隨著時間的腳步，那些記憶將逐漸模糊成遙遠的追憶，絕大多數甚至會永遠消失。你可以關上那扇門。你可以放手。你知道自己已經獲得所需的教訓，因而可以踩著更優雅、更自覺，且更有耐心的步伐，邁向嶄新而穩固的天地。你將成為自己需要成為的那個人。

第 132 日

請不要讓束縛你的重擔，成為你拒絕相信呼喚著自己的願景的理由。請不要認為你的恐懼將是最終的盡頭，或標示著不可能實現。請不要因為事情看上去很艱鉅、需要耗費太多時間，或看似遙不可及，就認為自己不可能做到。終有一天，那些你恐懼著無法成真的事物，都會出現在你眼前。

第 133 日

進入更深沉且複雜情緒狀態的能力，展現了你內在的強大，以及足以處理更細膩的人類經驗。當你能更敏銳地去感受某一方面的經歷，其餘體驗也將因此變得鮮活。當然，需要極大的勇氣，才能讓自己不變得麻木，或被日常沖淡了專注。而願意受傷；願意敞開心胸；願意一再嘗試，多少次都可以，只爲尋回內在的火焰，亦需要極大的勇氣。

第 134 日

願這一年，你學會相信自己。願這一年，你能鼓起勇氣，改變自己無法接受的事物。願這一年，你開始以心轉境，不隨外境所轉，並試著放手。願這一年，你能找到願意看見、並愛著你眞實樣貌的靈魂。願這一年，是你日後回首起來，感覺就像是度過了完整的人生歷程，而後來的你也因蛻化成長，變得與起初的你截然不同。願這一年，你不會放棄成爲自己命中注定該成爲的人。

第 135 日

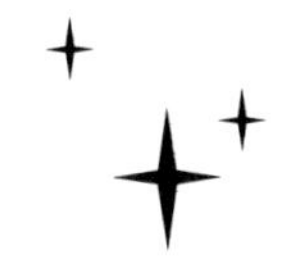

你會重拾笑顏。你會重新活在當下。你會再次去愛。你會再度找到自己。你會重回生活正軌。你會再次相信比自己更偉大的事物。你會回歸本心，但這並不是踏上回頭路，而是讓自己的內在變得柔軟。你正在展現那個一直藏在心底的自己。你並未失去內心的希望，因爲那會是你永遠的歸宿，亦會是你終將體現的本質。

第 136 日

你問愛在哪裡？愛早已在此。開啟那扇門。將心底的事物投射於自身周圍，然後待其折返。

第 137 日

世界的結構賦予人類經驗一個框架，再注入些許秩序感與原則。年輕的時候，你必須學習在這樣的結構下存活。接著，倘若你夠幸運，這些結構會被新獲得的體悟所打破。在你的意識拆解下，無論你是否察覺到，你都會逐漸進入下一個層次的體驗，一個讓你得以容納對比、不同、更多複雜性與細微差異的空間。這也是能讓你成長、深入並專注於當下的境界。抵達的意義不在於完成，而在於明白事情已然實現。

第 138 日

有那麼一天，你會醒來並發現所有的碎片以你未曾想像過的方式，快速地拼湊起來。你會領悟每一趟經歷、每一個節奏、每一個留下或離開事物的意義。你會明白自己保存了所有學到的智慧，而這些智慧就埋藏在你心底。最重要的，你將明白眼前的一切仍舊不完美，而未來也會一直如此。抵達的意義不在於完成，因爲當你完成了，一切也就結束了。抵達的眞諦在於確信一切都會變得更好。

第 139 日

倘若你見到了，愛上了，但明白這一切還不屬於你，那麼就認真鑽研吧。深入探索，想花多久時間體會都可以。問問自己：**為什麼你覺得它很美好？**這是你認識自己，定義那些足以勾勒自身輪廓、稜角與特質的方式。這能讓你逐漸明白自己真心渴望創造的事物，還有真正激勵、打動你心的關鍵，以及什麼能喚起你對生命的熱情。

第 140 日

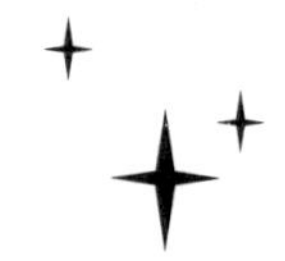

在你就要超越內心的極限時，你會感受到極限奮力地搖旗吶喊。它會告訴你，充滿未知的新世界並不安全。它用所有可能出錯或分崩離析的情況淹沒你。但它不明白，你是宇宙的孩子，你與樹枝、小溪或藤蔓並無不同。驅動著萬物的那股力量也充滿於你，無論你選擇的是哪條路，那股力量都會支持著你。

第 141 日

自我價值的培養，就從練習不再否定你眼中的美好開始。你看到一件立刻想套上的衣服，心中也湧現了「就是這件」的熱情吶喊。接著，你的思緒卻打斷一切說，**這不適合你穿**。你看到一個渴望搬進去的地方，腦中也浮現了在此生活的種種可能。接著，你的思緒卻打斷一切說，**這不適合你住**。你想到一個充滿創意的項目，並感覺自己內心必定會深受啟發，但你的思緒卻打斷一切說，**這適合更優秀的藝術家**。倘若你進入了美妙又寧靜的時刻，請不要讓思緒干擾你，提醒你這樣的小確幸並不屬於你。在靜謐之中，請允許自己去體驗那些你認爲自己不配擁有的事物。

第 142 日

所有看似毫不費力的成果，往往都是來自於非同凡響、彷彿無形的努力。內在的成長也同樣如此。在抵達一個新的境界以後，你變得泰然自若，行雲流水地度過每一天。但這樣的轉變背後，其實蘊藏著一顆傷痕累累等待癒合的心，還有靜待你領略意義的痛苦，以及所有必須由你去調和的不合理之事，並從中形塑出一套新的世界觀。世間一切看似輕而易舉的事物，幾乎總是人類非凡壯舉的成果。

第 143 日

關於去愛人，絕大多數的人都想要被聽見。人們最終想要獲得的，是被認同的感受。就如同在見證自己感受的本質後，你會感覺情緒得到轉化。同樣的，當你如實觀照他人的情緒，對方的情緒也得以安頓和轉化。人們有時不是要你來解決問題，打斷對話，或拋出深思熟慮後的建議。有時他們更需要的，是能有人靜靜地陪在身旁，傾聽他們上句不對下句、繞來繞去，連自己都不確定想表達什麼的話語。有時人們所需要的，不過是一個能看見自己的人。

第 144 日

無論你離真實的自我有多遠，總有一條路能帶你回頭。你或許失去了一些時間。你或許浪費了一些心力。你或許吃了一些本不該經歷的苦。這些是你永遠討不回來的付出，但是沒有關係。現在，你已經明白了。**你在為時已晚之前就明白了。**

第 145 日

你只能選擇活在冒險與好奇心中，或任憑疑慮主宰你的人生。此兩者皆稱不上舒適，但其中一者絕對更爲値得。

第 146 日

你該如何堅持下去，即便你已經做好放棄的準備？有些時候，你會明白，當你無法強迫自己花心思在內心深知早已超越的事物，其實就是成長的最大徵兆。這意味著你確實學到必要的教訓，而你也準備好更上層樓，接觸全新的體驗。潛意識正在爲你量身打造一套全新的遊戲。你必須學著，不再因爲過去的原則失效或不適用，而感到驚訝。你不會失敗，因爲靈魂不會讓你走回頭路，或原地踏步。有些時候，成長的最大標誌，是以休息與健康爲優先，懂得說不，擁抱更深刻的感受，並能更大方地表達出來。乍看之下的崩潰，有時或許只是在重新尋找平衡。

第 147 日

所有一切都將在你手中停留一陣，再接著離去。所有一切都只是借來的，並於你的生命中短暫停留。但你卻用著如同擁有永恆般的態度去活。你的每一天都在關於明天的想像中度過——等到事情沒那麼忙、等孩子再大一點、等這段時期過去、等盤據在腦中的問題終於解決後——你就會真正活在當下。你沉浸在自己離自由只一步之差的幻想裡。但那一步並不是向外，而應該是向內。朝著「這便是全部，萬事皆足矣」這份體悟，再近一步吧。

第 148 日

愛的存在，就像是爲內在運作方程式注入了最高頻率的能量。當愛出現，便能改變一切，猶如一絲光亮從門縫照進漆黑的房間。愛一旦出現，恐懼就開始消散。若你需要改變，那麼你會需要愛。因爲愛的存在，能轉化一切需要軟化、照亮與修正的事物。

第 149 日

帶著愛去審視自己，並不意味著忽視自己的缺點或心底的裂縫，或避開你需要從內在修復並成長的地方。而是相信自己擁有治癒的能力，相信自己具備前行的力量——不僅僅是度過接下來的一天或一週，更能朝著自己渴望的目標奮勇前行。明白你可以信賴自己持久的韌性，知道自己能度過內心的每一場風暴，並支撐自己走過未來的每一天。

第150日

當我們無法表達真實的需求，往往會透過潛意識、適應不良，或隱晦的方式來表露。內在的渴望需要一個出口。而一旦它們得到完整的接納，我們的心靈便能以最健全的方式，實現最深沉的需求。

第 151 日

你願意面對自身缺點、指出自己的失敗並試著超越的勇氣，決定了你心靈的廣度與靈魂的深度。真正重要的，並不是你是否曾經走錯路，而是你是否有重回正確道路的決心。

第 152 日

倘若你將自己擔心過的每件事，列成一張清單——每一件你自認肯定放不下的事，每一個你自認永遠得不到的答案，每一個你認爲「這就是末日」的恐懼，那麼你就會明白，一切都會過去。儘管你有所懷疑，儘管你不相信，但前行的道路已經展開。在時光荏苒下，你會漸漸明白這趟旅程的魔力。你開始明白，爲什麼事情不多不少，就該如此不可。倘若你沒能遭遇這完完整整的經歷，你就會錯過那些捏塑出你此刻模樣，確保你繼續前行的道理、工具及智慧。於是你回首過往，明白了每件事的意義，無論這些事讓你經歷了什麼樣的風風雨雨。

第 153 日

是的，在這個世界開拓出屬於自己的道路，一點兒也不輕鬆。沒錯，踩著前人的路自然更爲簡單，畢竟那些路是如此平坦舒適。但在那樣的世界裡活著並不自在，因爲內心深處的你知道自己應該做得更多，明白自己還有更重要的使命，那些你終其一生都在準備、並等待實現的目標。當時機來臨時，請學著跳脫你給予自己的框架。保持信心，讓自己成爲世界上最相信自己的那個人。因爲唯有堅守信念不動搖，才能將其轉化成全世界都能看得見的成果。

第 154 日

眞正的生命轉折，並非出現在轉換人生跑道時，而是停止活在別人多年來爲你描繪的生命藍圖。但這不代表要改變方向，而是懂得從內開始，學習聆聽每一時刻下的內在指引。這是學會相信自己，傾聽自我，做到身心一致、念念統一，活出更完整的自己。而這一切的目的，並不是用這個世界更願意接受的碎片，來拼湊出自己，而是去顚覆與瓦解你認爲「必須符合世俗框架」的想法。

第 155 日

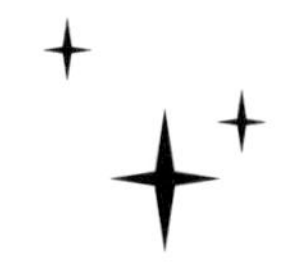

你的使命，就是找出自己最棒的一面。因爲明白自己擁有愛、並且相信自己的人，往往能活出不一樣的人生。他們懷有更多的善意，也更爲完整。他們對人寬容，心胸開闊，肯學習，也更願意同理和尋找勇氣。你認爲這個世界所缺乏的良善，或許就與你內心潛藏著的愛相當。請找到它，然後釋放它。

第 156 日

請追尋你心中認爲最有意義、也最值得投入的願景。不是全世界試圖強加在你心靈之上、那些象徵著「美好人生」的誘惑與成就。然後日復一日，機械式地生活，還設想與期待快樂終究會到來。請根據自己的喜好、標準，以及內在世界的平靜，來策劃人生。不要根據事物的表象來做選擇，讓你的決定跟著感覺走。

第 157 日

命中注定屬於你的，會一直等著你。即便你失敗了，即便你萬念俱灰，不知道該如何度過明天。即便你搞砸了曾經擁有的每一個機會，即便你不相信自己，即便你充滿恐懼，即便你對未來感到不確定，甚至沒有一個人理解你。你的內在依舊擁有實現所有理想的潛力。在夢想的路上，永遠不嫌晚。

第 158 日

通往未來人生的傳送門，總是巧妙地隱匿著。隱藏在細膩的直覺之中，指引著你該來場旅行，踏上某片土地，經歷某件事，或者彼方有個人正在等著你。一扇又一扇的門從你身邊溜過，你因此感到徬徨，但永遠會有更多扇門等著你。永遠會有美麗的際遇，等待著你全心全意地投入。

第 159 日

成長，取決於你的反應方式。而無論成就或經歷，療癒，在於你選擇成爲誰。尋找經驗和教訓，就能迎來轉機。記取教訓，你會體悟到高峰前的低谷，所蘊含的眞義。你開始明白，生命的意義不在於你的積累或成就，而在於這個過程讓你成爲什麼樣的人，你又能否在時間逝盡前幡然醒悟，能否相信內在那份等待著你去釋放、讓世界能親眼見證的奇蹟。

第 160 日

「使命」並非單一次的行動，而是處世之道，一種讓自己所到之處皆更有愛的態度。這種活著的姿態，賦予了你更溫柔的目光，能夠比其他人更容易看見潛力，發現希望，洞見機會。這並不是關於你做的某一件事，而是關於你成爲的樣子。你選擇成爲的人。

第 161 日

當你面臨一個挑戰自身極限的新念頭時，我希望你不要拼了命地捍衛自己的邊界與局限。我希望你不要花太多精力去思考爲什麼你做不到，而是花時間想像自己能如何成就。我希望你能學會，跳脫過去認知裡的可能性框架。我希望你能告訴人生，你的最終目標是什麼。我希望你能在人生告訴你該如何抵達終點的時候，用心聆聽。

第 162 日

眞正的你，跟禮拜五的那個你不同，跟履歷上的你不同，跟別人塑造出來的你不同。你是那個在早上起床後，與自己共度一整天的人。你是那個因爲悲傷而流淚，懷抱著心中最後的希望去愛的人。你是那個願意做夢，樂意嘗試，敢於失敗，也能重新振作起來的人。你遠比看上去的你，更爲豐富。你遠比他人透過表面所認識到的你，更爲豐盛。

第 163 日

你可以選擇讓內在評價去阻斷一切幸福，也可以決定擁抱幸福。面對你經歷的事情、接觸的事物，請改變自己的思維與意見。你會發現，事物散發的光芒，往往取決於你所付出的關注程度。無論你是否意識到，奇蹟仍舊在發生著。

第 164 日

外在的不斷成長，依賴的是內在的持續滋養。當你感覺自己比以往更需要休息與安慰，請不要忘記這一點。很有可能，是因爲你正在以自己沒有預料到的方式，成長並壯大。

第 165 日

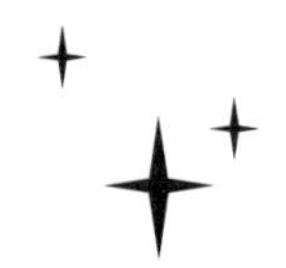

幾乎只需要一條指引原則，一件你需要知道的事，便足以伴你度過餘生。無論哪一件事給予你最強烈的感受，那便是下一件該實現的事。無須擔心所有的事情會如何發酵，或帶你抵達何處。「持之以恆」就是最好的良方，讓你的生活化作親手勾勒的夢想。

第 166 日

靜謐蘊藏著無窮的力量。它能讓你在不受外力的影響、不被其他光芒吸引而失去對眼前事物的專注下，靜靜地生長並綻放。在你不曾說出口與選擇放在心底的靜默裡，隱藏著巨大的力量。

第 167 日

當你努力朝著理想中的樣子前進，那些注定屬於你的事物，也會自然而然地靠近。在面對人生時，人們總會細數著自己錯過、或渴望擁有的事物。但卻鮮少質問自己，是否已經成長爲足以承擔渴求事物的人，是否能夠全然投入，領略那個中滋味。你所追尋的，並不是特定的人物、際遇或事件，而是一種感受：那種你從未觸及過的體驗層次。但你必須先在內心刻鑿出這樣的深度，此種體驗才會降臨到你身上，而不是枯等著事情的發生。當你做到這一點，周圍的世界便會如鏡子般，映照出一切。

第 168 日

你能想像，當你不再做那些只是想讓自己看上去很厲害的事，而是全心投入在你感到最有活力、最像自己的事情時，生活會變什麼樣子嗎？我可以告訴你答案——你會由內而外，建構出屬於自己的人生：你的夢想成真了。這和那些讓你感覺自己如同陌生人，總是渾渾噩噩地度過每一天，總在懷疑爲什麼擁有這麼多的讚美與肯定後，心中仍有空缺的日子，截然不同。最有趣的一點在於，無論你對生活有什麼樣的憧憬，總有人會與你志同道合，也總有人不能理解。差異就在於，當你將生活構築在本心之上，那麼你眞心嚮往、而不是你認爲自己**應該**嚮往的人、地方與體驗，都會開始朝你靠近。

第 169 日

有些時候，生活表面的混亂就像是深潭水面的漣漪，揭露表象之下的隱形裂口。很久之前就被你深埋於心底的夢，仍舊沒有消失，讓你怎麼也無法融入與理想背道而馳的生活。心底深處，你明白事情不該如此，儘管對於如何達成夢想你仍毫無頭緒。但你無法安於現狀，心中深處仍有一小部分的你不願將就。那一小部分的你想要往不同的方向走。如果你連連失敗，往往是生命力的內在導航系統，想引領你走向生命中最重要的體驗。

第 170 日

你該如何停止焦慮？你明白那個學會應付生命中各種可能的自己，會在不偏不倚的時刻下誕生。無論眼前的道路會通往何處，你會走到哪裡，每個時刻下所需要的自己，亦將分秒不差地出現。你無法令自己的所有面向同時現身。不同的人生階段，會需要不一樣的你。而明白自己並不是只有一種面向，令人平靜，知道在看得見與看不見的每一層自我裡，都埋藏著與你所面對一切事物同等、甚至是更強的力量。

第 171 日

在寂靜之中，你將面對不容爭辯的事實。這也是爲什麼許多人總是忙個不停讓自己分心，用周圍的喧鬧浸沒自己，好讓自己不用面對早就瞭然於胸的事實。當你對「慢慢來」有抗拒感，請問問自己，你不想面對的，到底是什麼。這份領悟能讓你自由。

第 172 日

若你堅信這麼做是不對的，請停下來。就算這個選擇會讓某些人失望。就算這會打斷你認爲自己應該依循的路徑。就算這麼做會讓你感到害怕。就算這麼做會讓你懷疑自己曾經肯定的一切。若你堅信這麼做是不對的，請停下來，因爲終有一天你會回過頭來，發現「恐懼」與「直覺」並不相同。一者可以透過理智來說服，另一者卻屹立不搖。若你發現心中那份堅定，要好好遵循。那是源自於內心深處與至高無上的指引。

第 173 日

生活在他人的想法之中，是你投入人生的最大阻礙。當潛意識的你深信，獲得愛的方法就是從他人身上去贏取，那麼你的存在就會是爲了建構一個關於自己的形象，而不是去發現自己可能流露的眞貌。當你明白自己能做的，只有投射出眞正的自己，因爲你無法控制他人對你的想法，你就能從此免疫。你一直在猜測與預設他人的看法。但其實，你想像中他人眼中的你，不過反映了你的潛意識心理，而不是外界定立的評價體系。理解這一點，便能讓你明白自己眞正想要成爲的樣子。與其試著讓他人以特定的角度來看待你，不如讓自己**真的變成那個樣子**。活在表象與沉潛其中，兩者並不相同。

第 174 日

倘若你能始終如一地用愛的思緒，來灌注自己，你就能在自身周圍築起一座堡壘。你開始成為自己的庇護所。你在自我肯定的根基之上，打造出一套信任體制。外在世界及其想法越來越不能動搖你，因為你的思維體制不受他人對你的理解、接受與回應干擾。你開始明白，你對自己的感受，是一種至高無上的存在。這並不是視你能獲得多少肯定或欣賞來決定。這層體悟能賦予你一層堅硬的防護——其目的不是用來隔絕愛的進入，而是讓你分辨什麼是眞實且有價值的，從而讓其進入。

第 175 日

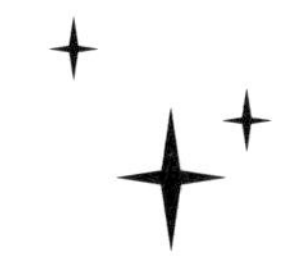

成就眞正的自己，需要經歷一場靈魂的試煉。你必須觸及最深處的自己，然後攤之於陽光底下。你必須用最尖銳的問題，鍥而不捨地逼問自己，直至答案浮現。你必須拋棄自己不再認同的生存機制，然後堅守自己的選擇。你必須優先守住對自己的承諾。你必須學著去依靠自己內心最溫柔、最美麗的部分。你必須找出自己，並將這樣的你展露出來。你需要接住自己的靈魂，讓其成爲眞實。

第 176 日

沒錯，一切會有轉機，不僅快得超乎你想像，更常以出乎意料的方式，變得更好。你必須拿出勇氣，經歷那些讓你不舒服、需要消化和面對的事物。儘管如此，最重要的或許是，你必須明白，人生的每一個篇章眞可以如此不同。你有機會成爲自己想要的樣子，經歷夢寐以求的事。無論你是否抱持信心，一切眞的會有轉機。這或許是少數我們能肯定的事。

第 177 日

背負重大命運的其中一項特徵，就是事情經常不能立即如你所意。總有那些耽擱與意料之外的沉寂時刻。人生計畫被打亂的你，被迫重新構思新的願景，一個超越你最初所能想像的宏偉願景。這些暫停的片刻，事實上是生命讓我們得以反思自己的機會，以投身於自己想要成爲的樣子。好好地療傷，好好地釋放。這些時刻不僅需要你的忍耐與等待，更可以爲你善用。這些安靜的禮物，將帶領你踏上自己命中注定的未來。

第 178 日

當你無法從令人痛苦的事物抽離，你該如何治癒自己？你學會劃清界線。你學到沒有人可以將自己與世界的傷痛、另一顆破碎的心、不可避免的壓力，徹底阻絕開來。你領悟到無論如何，這趟旅程的目的並不在那些事物之上；由內而外地完備自己，才是你唯一的使命。訓練自己的心智，去更敏銳地意識到來到心上的念頭。讓你的行爲不是出於衝動或義務，而是基於自我保護與自我關愛的眞摯選擇。你向內探索，在那些最讓你感到困擾的對象身上，尋找自己的影子，然後試著治癒心中的那一處陰影。你變得更擅長表達自己的需求。你做出生命中必要的改變，隨之而來的，是被溫柔舒展開來的緊繃。你留意到情況並沒有變得比較輕鬆，但你的心境已有所不同。你改變了自己的際遇。

第 179 日

相信自己確實值得擁有更美好的事物，能讓這場奮鬥成功一半。如同對待自己的缺點般，同樣頻繁地想著自己的所有優點與長處。學著明白你有權感到快樂，因為你也是努力奮鬥的人類，而生活的目的並不是只想著把你扔出舒適圈。它更希望教會你即便離開了舒適圈，也能找到安穩。你必須比任何人都渴望對自己好。這就是一切的起點。

第 180 日

「堅定不移」並不意味著在追尋人生際遇時，必須一成不變，而應該是持續回歸到最能讓你感到自在、認同且充滿可能性的事物之上。那些看似從外部喚醒你的事物，實際上是你部分自我的及時投射。整個世界就像是一幅畫，墨水以看似毫無意義的方式滴落，留下模糊的邊界，並用難以預測的方式流動、融合著。但重要的並不是畫出什麼樣的作品，而是你在作品之中，看見了什麼。

第 181 日

或許你得到了第二個機會。或許你有機會抹去發生的一切，然後重新開始。或許人生的第二篇章將在這場危機過後展開，也或許有一天，你會明白所有際遇之中所埋藏的道理。或許等到一切都結束、你也終於能喘口氣時，你再也不會將生命中的風平浪靜視爲理所當然。或許此刻你所學到的智慧，也只能以這樣的方式教給你。或許所有的人生際遇真有其含義，也或許很快的，你就會知曉一切。

第 182 日

任何無法互相回應的情感，都只是心力的錯置。不是因爲一方比另一方更有價值，也不是要衡量哪些特質、心態或能力，是加分還扣分，再用這種加減法把人二分爲「值得愛」或「該淘汰」。歸根究柢，只是因爲動力的不協調，一股讓你與其他人、事、物用著不同的節奏，去經歷世界的推力。這並不意味著你的付出是錯的，只是有些時候沿著他人的腳步前行，不過是逃避的痴念：讓自己不用爲了探索內在使命，繼續努力。當然，這一切只是徒勞，那些我們爲了避開心中的惡魔而努力依附的事物，往往會將我們推到魔鬼的面前。放手吧。你所依戀的事物，永遠無法讓你抵達本該屬於你的歸宿。

第 183 日

即便是對於那些無法回報你的愛的人，你所付出的愛，也不是浪費。被拒絕讓人痛苦，但這並不意味著你無法與別人建立關係。在時間推移下，你付出愛的能力，將隨著練習，還有即便面對那些最不願接受愛的對象、仍願意付出的清楚意志，而變得越來越強大。於是，你的旅程將成爲對眞摯自我的探索。重點不在於你如何去愛，而在於對象是誰。

第 184 日

當你明白自己的花園無法收穫到你所需要的成果，那麼就算將種下的種子重新挖出來，也沒有關係。從頭再來過，也沒有關係。換個想法，換個目標，換個方式去體驗這個世界。你的旅程將視你如何訴說這個故事，並在時機到來時是否願意講述新的故事來決定。

第 185 日

若你覺得自己受困於某種模式，就好像無論你多麼賣力地向外游，浪潮卻毫不留情地將你沖回岸邊，請先站穩腳步。回望自己試著逃離之處，然後釋然。沉浸其中，但只是暫時性的。評估，然後質疑。或許你缺乏的並不是力量，而是策略。有些時候，衝撞一堵牆並不表示你必須強壯到足以粉碎一切，而是需要找到其他活路的智慧。有些時候，你的任務是找到更輕鬆的路。

第 186 日

大腦用著你毫無覺察的方式，隱隱和你作對。對規律的追求，讓再熟悉不過的痛苦也變得令人嚮往。過度關注負面資訊，只因其感覺更像是顯而易見的潛在威脅。你是一個不斷進化的生物，卻駕馭著純粹只爲活命而設計的裝置。而成長的眞義就是持續見證這些衝動，然後拒絕，一次又一次，直到這種拒絕內化爲本能，直到一切重新來過。當你選擇活在眼前的舒適中，你將因此錯過永恆的美麗：那些只存在於假想界限之外的事物。

第 187 日

每一份愛都是獨一無二的，因為兩個靈魂間的化學反應，兩個小宇宙的融合，讓其成為舉世無雙且難以複製的存在。失去這樣的愛，毫無疑問地會使人陷於悲傷之中。但即便是夕陽，亦不曾用同樣的顏色渲染整片天空。有些機會會於早晨來到你的門前，卻不願意在午後登門再訪。人生總有那麼一個片刻，你會恰逢其時地遇見對的人。你們之間足夠的共同點，形成了一股情感共鳴，讓你感到安全與熟悉。總有一些夜晚，你笑語盈盈，迎接明月升起，儘管歲月不再重來。是的，那樣的愛無與倫比，但仍有更多美好的事物。找到它們，讓它們包圍你。

第 188 日

智慧，是自我探索後的產物。它不會來自時間的積累，因爲時間只是一片無用的虛空。智慧也非經驗的結晶，因爲未經檢視的人生，是無法達到內化的境界，遑論深刻的體悟。智慧，來自於對最艱難與最簡單之問題的追問。這是我們最溫柔、最純粹的認知，與內在最龐大力量的交會。而那股力量，來自那個願意隨時洞察生命全貌，牢記眞正重要之事，並把心力放在值得事物上的自己。

第 189 日

你那璀璨耀眼的部分，往往也最爲脆弱。自我之中最輕盈且閃耀著希望光芒的部分，往往是你最想以雙手好好捧住並保護的事物。但你或許沒有意識到，它們往往也是最難理解之處。不可彎曲之物會因爲壓力而斷裂，但你心中沸騰的事物卻永遠不會離去，而是在你體內流動、改變、綻放著。它具備了吸收衝擊的能力，並能憑藉自身智慧，重新站穩腳步。面對批評，它可以不爲所動。但不是因爲它無法回應，而是它明白除了自己以外，沒有任何事物可以撼動其。眞正能威脅到它的，只有不願意讓其自然存在的你。

第 190 日

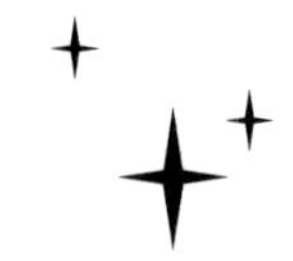

治癒無法在強迫下完成。你只能抱著這樣的念頭，然後順其自然。如同暴風雨的每一滴雨點，都需要在大地上找到自己的位置，我們內在的每一絲感受，也必須得到完整的消化與釋放。這一切不會依循你所偏好的時序來發生。在你以爲風平浪靜的時刻下，它又再次襲捲而來。你所放下的，並不是一段經歷、一個人或一個地方，而是所有你認爲自己必須該有的樣子，所有你對失去所留下的注解，以及所有必須慢慢解開才不至於將你擊垮的感受。這需要時間，請給自己這份餘裕。這個過程帶給你的收穫，將遠超越你認爲靜靜療傷可能帶給你的損失。

第 191 日

有些時候，世界上最強大的力量，就是當全世界都要求你把腳跟穩穩踩實於地面，以抵抗前進的推力，而你卻輕巧地走著，忽視那些能讓你心情愉悅或感動的小事，轉而追求更重要、更真切的使命。有些時候，世界上最強大的力量莫過於秉持心中的希望，保有熱切的靈魂，即便身在這個企圖摧毀它們的世界裡。有些時候，你生存在這個世界上的目的不是爲了做些什麼，而是爲了成爲某人。成爲你所選中的那個人。

第 192 日

抵抗的感覺，就像是努力將某件事物推走，但有些時候，它也是你受到前所未有強烈召喚的徵兆。當面對明確的**不可以**，你的態度是清晰、客觀且超然的。但當事物以異常巨大的規模向你襲來，你會立刻反彈，只因你害怕失去控制，擔心自己會迷失其中。有些時候，最讓你感到緊張的事物，並不是你想要推開的事物，而是你伸手渴望拉近的事物。只有重要到足以讓你萌生些許畏懼的事物，才是你真正誠心渴望的。

第 193 日

允許自己進入下一個篇章。給自己機會，嘗試新的事物，勇敢實驗，思考自己是否犯了錯。讓自己去反抗那個已經被你超越的舊有自我。不要因爲改變想法而萌生歉意，也不要讓你的自我，使你卻步。給自己機會，去做你一直想做的事，成爲你一直欽羨的那種人。不，這段旅程不會永遠平順，但在你追尋一個與自己目標更爲契合的自我時，你會在內心收穫那份特有的靜謐。

第 194 日

你是一處充滿矛盾的場域，一個集結了痛苦與璀璨的星群，所有徘徊不去的傷痛與閃耀的可能，都在閃閃發亮著。你或許想以自己最出名的部分，最純淨、最清晰的自我概念，來定義自己。但實現自我之旅的眞諦，在於擁抱自己的所有面向。這意味著將每一個面向進行比對，並明白面對內在那些互補卻又彼此矛盾，那些無法融入也沒有道理的部分，往往讓人難受。但是，包容一切，能讓你成就最完整的自我，亦能讓人生徹底自由。

第 195 日

對他人妄下評斷，並不會限制對方的成長，只會爲自己設下預設的框架。「評論」這件事看似是對外，實則卻是朝著自己。你創造了一套屬於自己的規則，界定何謂可以，何謂不可以，而你自身也必須遵循。然而，你越是把時間花在找理由否定他人經歷，只會耽擱你的進步與成長。只有卸除自我否定的重擔，治癒才能發生。只有放下你對周圍人們的限制性信念，才能明白太多時候，你對他們的想像不過是你沒能察覺到的內在自我投射而已。當你在評斷他人，眞正傷得最重的，只有你。

第 196 日

要成就自己，你需要付出全心全意。必須具備極大的勇氣，才能向世界展示最眞的自己，並明白不是所有人都能接受你，也不是每個人都會在乎你。必須擁有強大的自我信任，才能拒絕隨波逐流，堅定地守護著你所認識的自己。竭盡心力之所以必要且重要，是因爲「自我概念」爲一切人生際遇的根基。這是你認識世界的濾鏡。當你堅守著心中的信念，你或許會失去一些掌聲，但你會換得什麼？答案是，無量無邊、無窮無盡的收穫。成爲眞實的自己，才是一生追求的意義與目的。

第 197 日

看著自己的眼睛，告訴自己，**你很好**。你很好，不是因爲所有的事情都很完美，或事事都照著計畫走。你很好，不是因爲世上的每一個人都愛你，你的心也從來沒有受過一點傷。你很好，不是因爲你能準確地掌握未來的每一分鐘。你很好，儘管有各種理由說著你不好。但你依舊站著。你依舊在這裡，試著撫平內心的狂暴，尋覓著答案，並且努力著。即便這樣的「努力」看上去，不過就像是盡力再捱過一個黑夜。

第 198 日

總有一天，你會看見自己的力量。你會逐漸明白，曾經壓迫著身體每一條神經的事物，如今已能更輕鬆地面對。你會走過曾經最恐懼的事，你會穿越到另一端，安然無恙。你會慢慢明白，正是因爲經歷了眼前的挑戰，你才能找到最深的勇氣。而往後的每一個日子裡，你都能懷揣著這份勇氣。

第 199 日

你的精力會恢復。終有一天，你對人生的熱愛會透過最細微的方式，再次流露出來。你不該永遠處在發散、擴張及揚升的狀態。有些時刻，是爲了讓你收斂、內收和整頓，爲了沉潛，爲了透過這樣的轉變，以換得重要的體悟。當你能開始視自己爲一個有機個體後，你就能帶著更大的寬容，經歷自然地更迭。你不需要每時每刻盛開。正因如此，在你綻放時，一切才顯得如此特別，無比神聖。

第 200 日

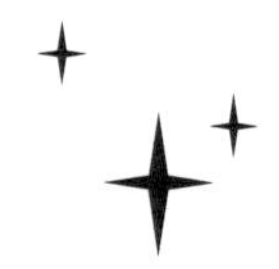

別讓時間將你心中的希望消磨殆盡。無論這個世界能從你身邊奪走什麼，也絕不能失去追尋下一趟旅程的信心。總有一天，新的篇章會展開，斷垣殘壁之中也能孕育出新生命。若論哪一件事是你必須堅信的，那便是──改變不只可能，更是必然的。事情會與過去不同，甚至，變得更好。

第 201 日

你遠不僅止於此。我知道你感覺精疲力竭，就好像你走到了某件事的盡頭。但你只是靠近了此一自我版本體驗的尾聲而已。你盡力扮演好過去的自己，而此刻你也準備好迎接新的進化。你準備好蛻變成嶄新的自己，去發現那個深藏在生命底層、你不曾想過能實現的自我面向。給自己多一點空間與時間。新的奇蹟往往就從痛苦中淬鍊而成。

第 202 日

你用沿途經歷的風霜來定義自己，不過他人是以你的靈魂來定義你。你或許無法擺脫對自己的恐懼，但他人卻看見你爲這個世界帶來的美好，看到你的笑容，給予所愛之人的陪伴，及渾身散發出來的愉快。別人知道你的天賦，你的才華，你的善良。有些時候，你需要學著以他人的寬容態度，看待自己，而不是嚴苛地評斷自己是否值得被愛。你就是愛。讓愛被展露，讓愛被看見，讓愛被接受，然後以更美好的形式，再次回到你身邊。

第 203 日

儘管這個世界沒能讓你好過，但你仍舊挺立於此，堅持要實現夢想。你仍舊挺立於此，渴求著治癒和改變。你仍舊挺立於此，儘管你只剩下最後一絲希望。你仍舊挺立於此，因爲即便這個世界沒能讓你好過，卻仍沒澆熄你心中的火焰。它沒有奪走你思考是否還有其他可能的力量。正是這份力量，會一路引領你，抵達彼岸。

第 204 日

你可以學會練就內心的平靜。你會學到哪些事情值得奮戰，哪些該放手。你會學著傾聽那些不請自來的負面想法，卻不被牽著鼻子走。你會學著面對挑戰，不預設失敗，而是努力嘗試——眞正地嘗試。你會學到事情不會自然而然地變好，只會因爲練習而變得更好。事情沒有變得更容易，只是你恢復得更快。你更願意去面對。你變得更擅長重拾自己的重心，然後再努力一次。

第 205 日

當你感到憤怒，請默然止語。當你受到啟發，請奔向點亮你心頭的事物。當你浸淫在愛中，請欣賞並分享這份愛，讓其被看見。你以爲自己的思維和感受，能主宰並決定靈魂的氣度，但其實眞實的你，是透過這些思維與感受所引發的行動來形塑。請學會在情緒變得陰晴不定、激烈，似乎就要失去控制之前，做出明智的回應。

第 206 日

學著不要把事情變得更複雜。讓事情保有最初的面貌，讓人們擁有本來的相貌。有些時候，你去探究每件經歷背後的含義，並不是反映了你對深度的追求，而是你心中有所懷疑，或缺乏信心。生命中有需要反思、評斷的時刻。也有需要你嚴肅思考自己究竟想做什麼，想成爲什麼的時刻。但更有某些時刻，只需要單純浸淫其中，去愛著，去笑著，不去擔憂眼前的一切會帶來什麼後果，不用想著自己錯過了什麼。有些時候，眞正的成熟意味著擁抱當下，然後順其自然。

第 207 日

對的人能讓你重拾自我。他們讓你想起那些隨著時光流逝而遺失的自我碎片。對的人會幫助你成爲自己想要成爲的人：那個長久以來，一直埋藏在你心底的人。對的人能鼓舞你，啟發你，有時甚至不需隻言片語。他們的眞實自我喚醒了你心底深處那相似的部分，你覺得自己根本無法抗拒，只能起身，讓其盡情綻放。對的人不是透過言語，而是透過他們的本質來指引你。

第 208 日

你可以選擇，看見終點，或在終點中發現起點。你可以選擇，見證自己活出了年輕時候的夢想，或繼續等待。你可以選擇，認爲暴風雨阻斷了去路，或視其爲修正路徑的幫手。你可以選擇，堅持時間是如此漫長且徒勞，或相信生命是短暫且寶貴的。你可以選擇，看見神祕的未知，或轉化成永無止境的可能。你的經歷與你對自己訴說的故事，並不一定相同。隨著時間的流逝，那個故事將成爲記憶中的眞實，其餘細節則逐漸消散。在時間的腳步下，你的敍事風格，將決定你如何體驗眞實。

第 209 日

「敏感」是極其珍貴的特質，讓你能深刻地感受，並讓這些情緒鎔鑄出最完整的你。你願意打開內心最深處的自我，並透過每一次的經歷，讓自己獲得新的體悟。擁抱自己最原始且讓你能充分展現人性、讓你徹底誠實的部分，是極其神聖的事。能夠去感受許多人僅只是匆匆路過的世界，亦是極其珍貴的體驗。不要讓任何人奪走這份能力。

第 210 日

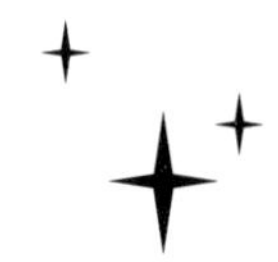

如同絕大多數的人，我們所努力的目標就是在一天之中最安靜、最純粹的一刻裡，尋得平靜。只有透過反覆的練習，切斷那些引發自我毀滅的誘惑思緒，才能覓得這樣的平靜。只有學會以新的方式來過日子，試著於未知世界的新生活裡，活得安然自得，才能獲得這樣的平靜。所謂的終點，與你所到達之處並無關係，而是與你的存在方式有關。

第 211 日

生命中有某些事物，是無可避免的——無論你身在何處，跟誰在一起，或者爲自己選擇了哪條道路，隱藏於內的事物終會浮現。有些事是命中注定，不是因爲命運爲你做決定，而是因爲它們本就在你心底蠢蠢欲動，等待著實現。

第 212 日

你生而在世，是爲了成長。不是爲了取得或積累，亦不是爲了成就他人眼中的完美形象，或集所有魅力於一身。你生而在世，是爲了深刻地探索，是爲了放手。是爲了處理未完之事，爲了畫下句點。爲了學習愛，爲了去愛。當你感覺自己緊抓著那些符合社會框架的成功、安定、成就的人生片段，無法放手時，請試著回想這一點。你是短暫軀殼中所藏的狂野靈魂。你生而在世，是爲了去探索，爲了寫下屬於自己的故事。不要抹殺這一點。不要拒絕讓自己去冒險。

第 213 日

倘若你學會愛上神祕，愛上未知，愛上沒有標準答案，情況會如何？倘若你不再畏懼那些未知的答案，而是念頭一轉，等著去發現對此刻的自己來說，意義深遠、無與倫比且尚不知曉的事物，情況又會有什麼不同？倘若你只是想要按部就班地體悟每一份答案，一步一步來呢？倘若你眞正想要成爲的，是那種能深刻感受沿途的點點滴滴、能眞正做好準備的人呢？

第 214 日

你追逐幸福，因爲你擔心幸福轉瞬卽逝。但你又緊抓著痛苦不放，因爲你認定它恐怕永遠不會消散。你之所以有這樣的念頭，是因爲你認爲「靜止無爲」令人不安，就算這是你心靈的眞實港灣，是無論你走得多遠，都會再次折返的歸宿。因此，你用恐懼去覆蓋自己的感受、並對情緒充滿抗拒的根源，就在於你對自我及自身眞實本質的根本性誤解。請允許傷痛，然後放下傷痛。讓苦澀的經歷予你一些智慧。然後，當你能再次平靜地甦醒，請記得卽便光明曾經消失，濃密的烏雲也終究會散去，留下湛藍的一片天。風雨總會過去。一切終會復原。你也終究會癒合。

第 215 日

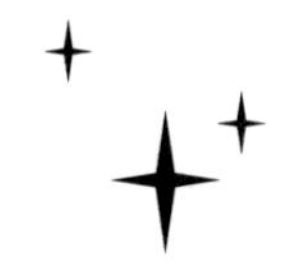

你以爲這趟旅程的目標，是學會讓別人滿意，但眞正的目標是學習讓自己滿足。我們必須懂得分辨自己需要什麼，不需要什麼；哪些能滿足我們，哪些不能；哪些人與你一拍卽合，哪些人的能量卻難以與你調和。你可以決定自己的界線，選擇並確認哪些適合自己。你的存在並不是爲了滿足他人的需求。你，就是一個屬於自己的宇宙。

第 216 日

願你探索可能的極限，並且超越。願恐懼帶領你走上旅途中最寶貴、最神聖且重要的那一段路。願你先與自己建立連結。願你不要用一系列的確定性來局限這一生，就好像人生只是一張等著打勾的清單。願你能真正地活過，讓生活帶給你驚喜。願你能走到遠比自己想像更好的另一端。

第 217 日

誠實的心很罕見。一顆願意拿出真誠，表現真摯的心。一顆無論遭遇多少傷痛，依舊強壯到足以繼續愛著的心。嘲諷與憤世嫉俗只是一副盔甲，是讓你笑看人生而不被刺痛的方式。然而，這會將你逐漸從自身經驗中抽離，直到某一天，你醒來後發現自己儘管身處人群，卻無比孤獨；儘管忙碌著，心卻不在此。若你想要充實的人生，就必須敞開心胸。讓一切進入心底，讓其觸動你，並接受帶來的改變。讓自己被釋放，並再次深刻地感受。接受沉重所帶來的苦楚，讓治癒使你變得輕盈。讓自己跟著感覺走，卻又不至於過分執著。你之所以在此，自有原因，只有好好剖析自身經驗，才能領略這份意義。

第 218 日

那些足以決定有一天，你將成爲什麼樣子的元素，往往就來自此刻的親身經歷。你可以決定這些經歷如何形塑你，是奠定通往內心更深處的道路，還是讓你遍體鱗傷到幾乎走不出那處躲藏的空間。你可以決定自己該如何面對傷痛，如何面對希望，如何面對那些進入卻又離開你生命的事物。你可以決定你想成爲什麼樣的人。

第 219 日

願你能學著，以更溫柔的態度來審視自己。願你能明白，自己不需要用世界加諸於你的標準，來填滿自己的每一天。願你能理解「讓自己休息」和「誠實做自己」的美好。願你能用最簡單的方式滋養自己，並且多相信自己一點。願你能了解，自己的優點多過於缺點。願你能明瞭，你遠比自己所相信的還要豐富。

第 220 日

在廣袤的不確定性之中，你能憑此一特定形態、於特定時刻下出現在此，並在數十億人之中，遇見少數幾個相知相惜的靈魂——願這一切能讓你相信某股力量的存在。即便你無法知道此一力量的名字，願你能明白這一刻是多麼特殊且無可取代。願這份力量能讓你相信，在維持行星運轉的引力之外，還有某些事物的存在。或許有某種內在的引力，能直接將你帶往命中注定之處。

第 221 日

你從來就不應該控制他人的情緒體驗與認知，而是要尋找自己內心的眞誠。找到自己的平靜。你是否總是關注自己生活對他人造成的影響，卻沒有意識到一顆自在的心才能有充滿愛的行爲？你最首要的目的，就是取得內在的一致。探索內在並不是自私，而是眞善的開端。你必須明白，唯有你平撫了內心的暴風雨，才有能力停止讓生命中的其他人被傾盆大雨淋透。

第 222 日

未來的軌跡，早已顯現在你的生命故事中。你終會明白，歲月會引領你奔向究極，而所有未解的線索，都會以最神祕且意外的方式給出答案。請相信你的人生確實背負著使命，到頭來，無論是痛苦，還是迷惘，沒有任何經歷會白費。

第 223 日

你該如何找出自己的下一步？請誠摯地問問自己，90 歲的你，會給自己什麼樣的建議，又希望你達成什麼。請誠摯地問問自己，打從一開始，你就感受到了什麼。而你忽視、壓抑，不再去注意的事情又是什麼。你列出利弊對照表，然後權衡。只要左邊清單上有一個優點，能勝過右邊清單的好幾項缺點，你就必須相信那個選擇。請問問自己，哪一條道路能讓你成爲命中注定的人。

第 224 日

生命中最美好的部分，會等到你放手，才開始湧現。等到你放棄成爲不像自己的自己，不再將別人的看法置於自身意見上；等到你不再試著實踐那份已經不合時宜的計畫，不再設法將錯誤的拼圖拼湊在一起。有些時候，堅持並不意味著硬撐，而是明白在這一路上，自己該放下什麼。

第 225 日

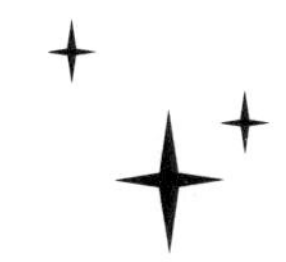

我們終究在尋找溫柔的歸宿，願意擁抱我們的臂膀，以及肯傾聽的對象。每一個人都渴望被愛，渴求被理解。當你無法了解他人而陷入掙扎時，請想著這一點。喚起你的同理心。儘管每一個人的行爲都不相同，但我們的內在本質，卻很相似。

第 226 日

關於一朵花的花蕊，或落日，或你一生之中最美好的夜晚，你能描繪出多少細節？你能用多深的體悟，來觀照自己如何克服畢生最大的挑戰？你對自己的認識有多深？當你越能描摹與理解活著的經歷與複雜性，你的人生也將變得豐盈。投注心力，此刻的意義遠比你想得更深。

第 227 日

留意內心的呼喚。那些輕輕推著你，將你的目光引向你該前往之處的輕聲召喚。這些指引並不總是清晰。有時很微弱，因爲它們還只是種子。它們是尚未受到指導，亦尚未實現的潛力。傾聽它們的聲音，了解它們的意見，讓它們引導你走向那個或可實現它們的場域。

第 228 日

你該如何找到自己真正渴望的事物？請想像著一段美好到近乎不可能為真的人生，然後記錄下其中的元素與主題。你身邊有其他人嗎？你內心平靜嗎？你滿懷希望，還是正在療傷或休息？你正在冒險或踏上狂野的旅途？你充滿創意，比常人更為獨特？這幅畫甚至不需要完整呈現，就能讓你理解其中的每一個部分，都在指引你看見最眞實的部分自我。為這樣的生活擬定一份地圖，然後現在就啟程。此時此刻。

第 229 日

事情沒有在你預期的時刻發生，並不意味著不會發生。

第 230 日

在你感覺自己進度嚴重落後的人生旅途上；在每件事都看似不順遂；在你很需要先休息、自我反思、只有改變的餘地時……請明白這些不是挫敗，而是以另一種樣貌現身的突破。宇宙每時每刻都在詢問你，是否準備好放下舊有習慣，迎接另一種平行生活，一個在事件發生與你如何回應的空白間，逐漸成形的生活。下一次，當你面對同樣的挑戰，便是要提醒你去思考：**這一次，我能如何以不同的方式回應？**

第 231 日

有些時候，讓你感覺最難熬的轉捩點，往往會帶領你迎向更棒的命運。有些時候，成長就發生在最不合理的際遇與最令人徬徨的經驗中。有些時候，你覺得自己就好像落後於外面的世界，但事實上，你只是與自己的內在並肩齊行——你終於聽見內心更深處的智慧之語，講述著你注定該突破自己的既定框架，踏入那個你不敢置信的廣闊世界。

第 232 日

你正在成長，即便在那些你感覺自己除了硬撐、已經沒辦法做任何事的時刻。你正在成長，即便你感覺自己的所作所爲似乎與「進步」背道而馳，即便你心中充滿悔恨，或希望自己當初能採取不同行動，或希冀事情可以有不一樣的發展。只要你有勇氣，跳脫體內那執意找證據證明自己不好的自我，重新審視人生。你便能明白，失望之中，蘊藏著偉大智慧。

第 233 日

終有一天，生命會向你展示暴風雨後的另一端，究竟有什麼樣的景致。終有一天，生命會向你展示它爲你準備好的計畫，即便你深深懷疑在這樣的混亂之中，是否眞能孕育出美好。終有一天，生命會向你展示心中最平靜的期望，正勾勒著深刻命運的輪廓。終有一天，生命會向你展示零星碎片的眞義，以及各自歸位後的嶄新面貌。終有一天，生命會向你證明你可以信賴進步，相信演化。終有一天，生命會向你證明，它一直支持著你。

第 234 日

或許你總是不斷渴求更多的原因，不是你對物質世界的欲望無度，而是眞正的需求不曾被滿足。因爲你的生活之中，有太多事物沒能依循你的渴望與需求來展開，許多地方甚至失去了連結。用於編織人生的布料已殘破不堪，而你不知道該如何縫補。或許永無止境的渴求，只是反映了那些尚未被看見的需求。眞相是，面對不是自己眞正需要的事物，永遠也不會有滿足的一天。無法填補內心空洞的事物即便再多，也毫無意義。

第 235 日

當你願意捨棄那份約束你該怎麼行動的過時藍圖，轉而投身於眼前的處境並加以運用時，你的人生就會開始轉動。請好好把握，然後充分利用。因爲懷抱著夢幻想法與天真的年輕自我，無法充分設想一段自己還不知道該如何擁有的成年生活。不，你不是在放棄，你是在接受。接受自己的心流，接受自己的潛能，接受此刻的所有。

第 236 日

你的存在，僅需讓自己感覺有意義。細微之處，皆是美麗。有些時候，你的不滿足源自於那些你聽見並接受的觀點、以及你嘗試達成的目標遭到擊潰，你以爲每一次的日出皆可以拿來比較，每一朵花的綻放皆有高低，每一片草地的隨風輕擺也有完美與否之分。然而，倘若你能在今日之內創造出一個完美時刻，一個轉瞬即逝的剎那，那麼你的成就便已超越自己的想像。你喚醒了心底的靈魂。

第 237 日

剪斷每一條縫線，讓你的人生以自己眞心渴望的方式重新縫合。在被迫放手的時刻，請同時讓自己長舒一口氣。無法持續下去的，便不是命中的注定。若你無法肯定，便請耐心等待。時間會揭開一切的眞相，一切的智慧，一切得以成眞的現實。一切，都將變得清晰。

第 238 日

你的人生是一部與衆神共譜的作品，你是離子所建構，是蜿蜒的歷史以分秒不差的時機所匯聚而成，而你認爲自己生而在世，並沒有任何使命？有無窮盡的可能，可以讓你不要變成此刻的自己，但你所有的興趣與天賦，都在這獨特的空間、一個讓你憑獨有的方式悉心孵育出人性靈魂的花園裡，凝聚成形，而你認爲自己生而在世，並沒有任何使命？走出去，仰望籠罩著你的星河。這便是時間之下無可取代的一刻。

第 239 日

你之所以在此，是爲了獲得只有以人類之形才能知曉的事物，那些只有雙手才能觸碰，只有雙眼才能看見，只有身體才能感受的事物。你的靈魂渴望一副身軀，以實現軀體才能實踐之事。把夢想，變成碳，變成氮，變成氧。以純粹的人類方式去愛。將萬物視爲可捏塑與改變，並等著自己去雕塑。見證與你共存的創造者，以及他們成爲的樣子。爲了發現，爲了學習——不僅只是關於自己，更是關於那將你與一切生命及事物串聯在一起的金絲線。這樣的不完美，自有其義。而你的存在，亦自有其義。

第 240 日

你不知道，你其實一點都不孤單。你不知道，這世上有多少人帶著相似的想法與恐懼，在探索這個世界。有多少人經歷過心碎所帶來的沉痛與崩潰，或對未來懷抱希望，卻又思忖著自己是不是一直以來都是錯的。眼見並不一定眞能爲憑。你很容易就感到寂寞，但你並不是孑然一身。**你不知道，你其實一點都不孤單。**

第 241 日

一份更偉大的智慧，就內建在你體內的羅盤之上，指引著你——有時溫柔，有時霸道，有時甚至發生在你渾然不覺的情況下。你是否能想像，自己明確地意識到體內有一股無聲的直覺，在指引自己去經歷、乃至於超脫此生？引導你迎向自己尚未明白的喜悅，擁抱你甚至無法想像的幸福形態？若你感受到的一切不舒服，都只是在試著讓你改變方向？若你所渴望的一切，其實就埋藏在令你恐懼的事物之後？如果有一個遠大過於你所能理解的計畫，正等著你？你是否能學著信任自己？你是否能相信心底所知曉的眞理，而不只是相信眼見爲憑？

第 242 日

我希望你能開始了解大腦的運作機制是多麼強大：你的意識流是如何帶你窺探機會的國度，你的每一個選擇，每一個堅持，以及開始相信的事物，又如何以令人讚嘆且美麗的方式降臨。當思緒與目的重疊，目的與感受重疊，感受與選擇重疊，選擇與行動重疊，行動與決心重疊，決心與時間重疊，你就能以自己的方式，構築自己過去所無法想像的體驗。

第 243 日

你是可以改變的。而你之所以可以改變，是因爲你的構造就是如此。但如果你總是朝著同一堵牆橫衝直撞，挑戰自己的抗拒，而不去探究其想保護的內心脆弱面，那麼改變永遠都不會發生。一旦你不去傾聽自我，你只會與自我開戰。你不斷強迫自己，卻又無可奈何地放棄，固執地以爲最初的方式就是唯一的選擇。請從自己的抗拒與痛苦中學習。智慧並不是來自於活著，而是從活著的態度得來。

第 244 日

你會在最適當的時機，遵循著引導，迎接你所需要的一切；你亦會在命中注定該相遇的那刻，遇見命定去愛的人；你會在最恰當的際遇下，抵達自己所需前往之處。相信這趟旅程。儘管有些時候，行程的安排看似雜亂無章，但事實上，所有潛在的相遇都會在你準備好的那一刻展開。有些時候，你等待的對象並不是這個世界，而是自己。

第 245 日

你必須決定，你願意錯過哪些風景。你會是那位在忙了整天的工作之後，仍願意犧牲睡眠時光，以投身於創作的藝術家嗎？你願意錯過與朋友相聚的時光，錯過自己的潛能，錯過這個世界，錯過你稱爲「家」的安穩避風港嗎？眞相就是，每一個決定，都會伴隨著相應的犧牲，某種你不會意識到、亦無法得知的代價。如同你必須決定哪些事物值得你奮力一搏，你也必須決定哪些事物值得放下。

第 246 日

在你感覺自己就要撐不過去的季節、時期與轉變的日子裡，請回想自己曾攻克的每座高山。請回想你認爲自己永遠都擺脫不了現況的夜晚，卻因爲某些微小事物的發生，爲你帶來一絲撫慰，讓你得以漸漸平復。你等待著。你明白事情最終總會雨過天青，即便此刻的你並不這麼認爲。你讓猛烈的情緒浪潮拍擊著你，然後漸漸退去。你發現了勇氣。你做出了自以爲做不到的事，找到振作並面對未來的毅力。你覓得了溫柔。你找回了自我。你發掘了自己未曾預料到的愛的形式，並開始欣賞自己過去看不見的事物。你開始有了滿足的感受，因爲你決定了只屬於你的滿足定義。你培養出韌性。你探索了心所能承受的範圍，所能消化的分量。你發現自己擁有無窮盡的力量，一個唯有經歷考驗，直到你被迫從自身的懷疑、恐懼及錯誤信念中挖掘，才能頓悟的眞理。隨著時間過去，那些曾經看似不可能的，已變得習以爲常。今日的生活，不過就是過去的夢境。你此刻正在從事的事，亦是你過去所祈禱的。因此，在你爲未來深深恐懼的時刻裡，請不要忘記這些體悟。每一次當你跨步向前，腳下的道路都會爲你鋪展開來。所以這一次，也不會例外。

第 247 日

當你不再強求結果，轉念去追求命中注定屬於你的事物時，你會發現一切都不同了。這是向各種可能性臣服，就像允許蝴蝶輕輕落在你肩上，與你建立連結，專屬於你。但並不是因爲你需要對方這麼做，而是一股凌駕於你的力量，用無法以邏輯或言語來解釋的方式，將你們緊緊牽起。這就是你所尋找的奇蹟。你把心力優先放在自己的氣場上，要成爲最強大、最清晰、最善良的自己，磨練著自己獨一無二的技能。你人生的第一順位，是以最誠實的態度，深入關懷自己。但你所不明白的，是讓自己獲得滋養，就能改變外界與你的互動。這會改變吸引你的事物。注定屬於你的事物，會在你準備好的時刻，來到你身旁。因此，請專注於讓自己做好準備。當你能用這樣的態度活著，你所追求的事物，便會以意想不到的方式實現。

第 248 日

該奪回自己的人生了。因爲恐懼而失去的人生，因爲將他人的意見置於自身幸福之上而失掉的人生。因爲不符合俗世所謂的理想未來，而不得不放棄的人生。因爲你認爲自己不值得擁有屬於自己的生活、自己的道路、自己的眞理，而喪失的人生。因爲你抱著**總有一天**、**或許**、**可能**、**也許**的拖延心態，而失去的人生——那個只需要你鼓起勇氣向前邁出小小一步，就能走向屬於自己道路的人生。

第 249 日

內在的抗拒，是出於智慧。它清楚你曾經有過的每一絲害怕，每一個發酵過的恐懼。它知道你會回應哪些事物，會受到哪些誘惑，又有哪些事情會讓你恐懼到無法動彈。你必須學著不讓恐懼奪走自己的人生。你必須學著不要用自己受限的感知，去界定這個無垠的世界。你必須學著明白，你的存在遠超過於你對自己的理解，而且或許、也只是或許，若你能停下來看看身邊，你會發現自己其實遠比心中那渺小自我所想的，更勇敢，更強大，更美麗，更被愛著。

第 250 日

假如傷害不斷發生，你該如何治癒自己？你會讓自己休息，比你認爲合理的休息時間還更長，而且不萌生一絲愧疚。你會拼盡全力地對自己寬容。你會用最簡單、最誠實的方式滋養自己。你只付出最低限度的努力，並接受在低潮的日子裡，這樣便已足矣。你停止塞任務到生活中，不再把此刻的負面感受無限延伸，左右你的自我認知。你曾經笑過，未來也會再次展露笑顏。你的過去曾經美好，未來也會再次燦爛。在人生的低谷裡，你或許會忘了這一點，但重點是你已經確認了此刻的位置。最重要的是，你清楚了並不是只有自己「可被接受」的部分，才能被看見。

第 251 日

心中有某些感受要求你，要你超越最低的本能，踏上更崇高的道路。心中有某些感受要求你，看見他人身上那些被你默默壓抑著的部分。心中有某些感受要求你與其同在。心中有某些感受要求你去行動，去改變，去成就。心中有某些感受要你記住，受苦很簡單。其他感受則提醒你，只要訓練心智靜下來，好好地感知，平復就有可能。你之所以爲人，是因爲你具備做決定的能力。當你不去思考每一種情緒是出於恐懼或眞相，只是一味地給予回應，你就會錯將外在世界當成內在世界，並受其支配。然而，一旦你能運用智慧與辨別力，你就能昇華到將外在的環境與內在的心境合而爲一。

第 252 日

此時，此刻，一切正在發生。所有的一切。每一件事。每一分喜悅，每一份傷痛。每一顆種下的種子，每一朵綻放的花。太陽正從世界的一端升起，並於另一端落下。每一段回憶，每一個計畫，每一份希望，每一絲恐懼，全都源於永恆的此刻。如果問題不在於你無法理解自己的過去、或難以想像未來，而是因為你還沒學會活在當下，無法回到此時此刻，那個時間鋪展開來的唯一舞台，該怎麼辦？如果旅程的目的，其實是學會如何置身於當下，浸淫於此刻呢？就是此時，此刻。不是此刻，就是永不；不是此刻，就是再也不會有。有的，只有此刻。那麼你會如何運用自己的此刻？

第 253 日

你或許不知道，自己已經擺脫了多少個自我。多少個曾經深信不疑的信念，隨著新證據、時間、敞開的心胸與改變的意願而放下，以成就那個比過去更為人性的自己。未來，你也會放下現在的自我。但在所有的自我版本之中，皆存在著共通的線索。去尋找那些線索，尋覓那些始終如一的事物。那才是眞正的你。

第 254 日

你不需要今天就徹底想通人生，而是多展現出一點你想成爲的那個人。明天也同樣如此。

第 255 日

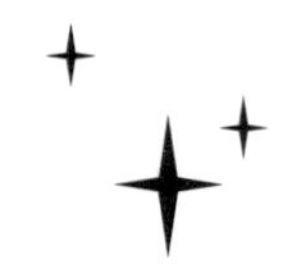

不要放棄你的白日夢。世上的一切，全都來自於某人的智慧——一顆願意首先相信自身念頭，並將其實現的心。你或許還沒親眼見證，但如果你能透過內心去感受，你就有能力實現。你這生旅途的目標，就是在心中的願景與真實體驗間，架起橋梁。

第 256 日

若眞是命中注定的，遲早會回到你身邊。若眞是命中注定的，其之所以離開，也只是爲了讓你學到只有依靠自己才能學到的道理。若眞是命中注定的，就算你拼命推開、拼命否認，認爲如此美好的東西不可能屬於你，也無法阻止其回到你身邊。因爲若眞是命中注定的，它便是你的一部分，與你的靈魂縝密地交織在一起。若眞是命中注定的，即便你轉身離去，你所行的路終將引領你回到其身邊。若眞是命中注定的，它已經在等著你的到來。

第 257 日

該如何在理想和現實有落差下，相信自己的潛能？你開始明瞭，信念不是透過「發現」而來，而是「建立」而成——構築在欲望、希望，及由熱情所轉化的有形現實之上。你開始明白，信念的本質並不是毫無重量、無意義且轉瞬即逝的情感，而是具有方向的驅力，總是堅定地指著同一個方向。你開始明白，潛力的本質就是尚未展現的強大。你不再那麼關注它爲何沒能玄妙地展現出來，而是好奇自己可以透過哪些方式，根據你對自己的眞實了解，來重新想像自我。

第 258 日

當你放下眼前的安逸，轉而追求非凡，你身上懷的，就是奮不顧身的勇氣。

第 259 日

當你過度觀察一件事物，你無可避免地會看見其中的每一道缺口；當你過度聚焦在微小的不完美時，你開始想像一個本質上具有缺陷的形象。同理適用在「內省」上。反思是好的，但前提是你對外在抱持著同等的關注，去看見、去感受，去體驗新事物。倘若你一生都在挑自己的毛病，你會找到更多令人不滿意的地方。請讓眼睛與心靈休息，讓心安定下來。當你再次想到自己時，你會帶著更多的善意，更多的寬容。你會明白，對自己的靈魂吹毛求疵，並不會帶來成長，只會製造阻力。它否認了至今爲止，你所成就的一切美好眞實。

第 260 日

我希望你不要將一切視爲理所當然——無論是任何一場教訓，任何一個人，任何一處地方。我希望你能將一切視爲自己的導師，即便是最不可能的際遇，也是爲了指引你方向。我希望你能相信，任何命中注定屬於你的，皆會找到你，陪伴你，或再次回到你身邊。一切只是時間問題。我希望你能明白，當你追求著更偉大的道路，勢必要先經歷磨練，才能蛻變成足以承擔夢想重量之人。我希望你能開始在看似無意義的事物身上，找到意義。我希望你能永遠相信美好的結局依舊等著你，永遠不變。

第 261 日

對自己過於苛刻，會抑制自我成長。在自我懲罰的心境下，並沒有學習的餘裕。認爲自己是孤單的，只會羈絆自己前進。其實骨子裡你與其他人並沒有太大的不同，但當前世界的運作機制卻不讓你這麼想。然而，當你不相信自己，嘗試了幾次便決定放棄，或停止去思考可能性，你就限制了自己。當你不願給予自己成長的空間，成長就會停止。

第 262 日

走吧，因爲繼續活在你本可以擁有的各種人生想像底下，對你無益。走吧，因爲年復一年在你心底徘徊不去的夢想，並不是逃避，而是呼喚。走吧，不要等到生命盡頭才發現，你更喜歡一開始待的地方，命中注定之處的大門，永遠會爲我們敞開。眞正屬於你的，永遠都會等著你。無論你選擇了哪一條路，最終總會回到那處。走吧，因爲總有一天，你將沒有更多的時間。走吧，因爲總會有各種理由能攔著你。走吧，因爲就算你可以衡量自己或許會失去的一切，但你無法衡量自己可能收穫到的一切。走吧，因爲此刻圍繞在你身邊的所有美好與安定，不過證明了你具備披荊斬棘的能力，而非一生只能擁有一次的美好。走吧，因爲吸引你的事物，値得你去追尋。走吧，因爲沒有什麼比在滿腔的悔恨中結束這一生更可怕的事了。

第 263 日

若它是對的，它會帶給你同等能量的回報。它會啟發你，激勵你，鼓勵你，正如同它也會挑戰你、推開你和嚇阻你那般。若它是對的，你努力尋求的事物最終也會反過來找到你。若它是對的，它自然會綻放而無須你強求。若它是對的，它會幫助你朝著自己想要成爲的樣子靠近，而不是讓你在原地踏步。若它是對的，它會自然而然地展開，帶領你經歷一連串意義重大、難以被視爲湊巧的巧合。若它是對的，當你回首往昔，你會發現自己所踏出的每一步，都在帶你朝它前進，那些徵兆也從未消失。

第 264 日

你會抗拒自我成長。你會抗拒自我成長，因為在你的觀念裡，最熟悉的才是最可貴的。你會抗拒自我成長，因為你認為放手意味著失去，儘管其實際上意味著另一個起點。你會抗拒自我成長，因為你還不明白只有在某些事物即將到來的時刻，才會有股力量讓我們去放手。你會抗拒自我成長，如同種子必須穿透堅硬的外殼才能扎根，如同太陽從地平線徐徐升起前的那一刻，往往最為黑暗。你會抗拒自我成長，直到你明白成長就是一切，而試著阻礙自己進步，只會阻斷自己與所追求的美麗事物相遇。你會抗拒自我成長，因為成長使你害怕。但或遲或緩你都會明白，停止成長往往更叫人恐懼。

第 265 日

有沒有一種可能，是只有在你停止等待自己蛻變成最完美無瑕的自我，轉而關注此刻的自己，眞正的成長、眞正的旅程、眞正的發光發熱才會開始？有沒有一種可能，是問題的癥結從來不在於你能否驅逐那些你所不滿意的自我，而是學會接納它們並與其共存？你能想像當自己不再去打那場不可能贏的戰鬥，不再視自己的每個面向都是可修正、可改變或可動搖以後，命運的大門終於爲你敞開的情景嗎？有沒有一種可能，是洞察力也是你命運的一部分？那種懂得分辨自己有哪些部分值得努力，又有哪些部分需要被看見、包容和理解。

第 266 日

某些時候，最簡單的你就是最誠實的你，亦是你最純粹的本質。或許沒有動人的故事，沒有豐功偉業，也沒有那種需要投注一生才能達成的崇高且獨特理想。相反的，是那些讓你覺得安全而能舒展一口氣的夢想；象徵度過美好人生的夢想；讓你感覺就好像終於找到歸宿的夢想。而那會是哪種夢想？請找到它們，然後勇往直前——那才是你純粹本質的歸依。

第 267 日

或許治癒的核心不在於改變，而在於記住。記住你是誰，記住你眞正想要成爲的樣子。學著運用手邊擁有的事物，以最人性化的態度去呵護自己的生命。或許關鍵在於徹底認識自己，讓心中存有溫暖，讓愛從心底湧現並感染周圍的一切。或許關鍵在於明白打從一開始，你就具備了採取行動的力量，無須等待他人的現身與拯救。

第 268 日

方向正確的每一步，都標示著一場勝利；方向正確的每一步，都讓你更自由。

第 269 日

若其無法讓你的人生獲得更多平靜，那麼它便與你不合。若其無法讓你更加深入自己的內心，那麼它便與你不合。若其使你不得不放棄自己所珍視的某些事物，讓你腸胃翻攪，那麼它便與你不合。若其使你不得不在一段漫長且各種不同的情況下欺騙他人，甚至是自己，那麼它便與你不合。若其沒辦法給予你成長和改變的空間，那麼它便與你不合。若其沒辦法使你成爲更好的人，那麼它便與你不合。

第 270 日

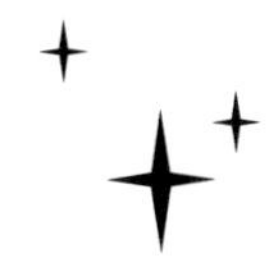

若你想要根據某些標準來評斷自己，那就用你如何勇敢地度過情緒風暴，來評斷自己吧。請根據自己愛過多少顆不完美的心，又是如何在對方身上找到美好。請根據自己笑到淚流滿面的次數，又成爲了「最棒的朋友」多少次。請根據自己面對恐懼多少次，又克服一切重新站起多少次。若你想要根據某些標準來評斷自己，請不要根據你爲求生存而不得不做的事，也不要根據你爲了治癒自己而做的事。你比自己所經歷的一切，更爲了不起。

第 271 日

該如何停止焦慮？答案是，當你明白克服一切的力量就蟄伏在你體內，直到你需要的那一刻才會破土而出；當你明白那個能帶領你向前邁進的自我，將在你需要的那一刻出現在你面前。你不需要將自己有一天可能成爲的版本、有機會成就的模樣都存放於心底。你不需要同時集戰士、戀人、治癒者及創造者於一身。凡事皆有其時機，亦有其季節。人類靈魂就是地球上最強大的武器，所有的自然之力皆內藏於你。直至遇見你的召喚，這些力量終得以甦醒。

第 272 日

任何人——即便是那些最完美無瑕、最具雄心壯志、最強大、最受歡迎且最健康的人，也無法準確地知道自己在做什麼。我們全都在夢境中徘徊過，試著明白自己的目的，努力開闢出自己的道路。若你能明白那些使你痛苦的事物，並不是肇因於你個人獨有的缺點，而是人類際遇下的共通經歷，你或許就能給予自己更多的溫柔，更多的寬容。明白此時此刻此地，就是你該佇立之處，而你會在適當的時機抵達下一處目的地，能讓你的一生活得更輕鬆。

第 273 日

此刻，你在學習如何生活。你在摸索什麼是感覺對了，什麼是感覺不對；你喜歡哪些、不喜歡哪些；以及想成爲誰。你在學著成爲自己，學習不內耗地度過每一天。此刻，你在學習如何存在，能安於靜境、面對未知，在儘管一切仍未實現、但遲早會到來的信念中存在。此刻，你在學習如何去愛。愛今日的你，過去的你，以及有朝一日的你。

第 274 日

走路的時候，請帶著命運隨時都會降臨的姿態走著——因爲它會，因爲它一定會。因爲我們之中沒有任何一個人，能完美地預測萬事萬物的發生時機，但只要抱持著美好事物即將到來的期待而活，它們往往就會以某種形式降臨。無論你身在何處，它們總能找到你。

第 275 日

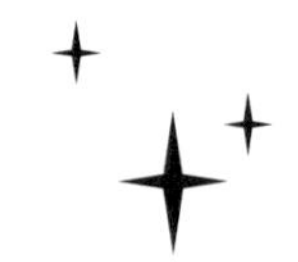

倘若你害怕他人的眼光，任由這份恐懼來支配自己的人生，那麼你首先應該先問問自己，那些人是誰，標示出每一張臉的名字，然後明白這份抽象恐懼，其實只是用來掩蓋具體的被否定往事：那些在你心中陰魂不散的鬼魅。當你對自我的認知充滿否定，那些並不是眞心接納我們的人所給的愛，往往更有吸引力，因爲感覺很熟悉又契合。你必須學著展現自我認同，相信自己，帶著明白自己並不完美、但你仍在努力的謙遜而活。你已傾盡全力。你必須開始透過那些眞正愛你之人的雙眼，審視自己。這是治癒的第一步。接著，你必須停止把內心的解讀投射到外界，重新找回屬於自己的觀點——不要以爲你與他人想像中的自己是一樣的，請純粹接受眼前的一切，讓其他隨風而逝。

第 276 日

讓生命中的愛，改變你。讓美好的晨光，和想要在此時此刻與你相遇的靈魂，重塑你。讓那些從不可能之中浮現的機會，以及在你害怕沒有出路、路卻在眼前鋪展開來的時刻，轉化你。讓你所經歷的巨幅成長，所體會的療癒，所取得的進展，塑造你。讓周遭的美好事物，觸動你。你遠比你所看到的自己，更了不起。

第 277 日

你無法透過思考來擺脫恐懼，因為恐懼是一種非理性的力量。你必須在一次又一次的心跳加速中，奮力一搏，直到你能在最深的渴望中，開闢出新的舒適圈。你必須學著與其共存，明白體內那看不見的恐懼，只是在試著保護你遠離所有未知。你必須學著與其對話，安撫恐懼，但更重要的，是反抗它。一次又一次的，直到你在心底建立起新的歸所。

第 278 日

在你最想要逃避自己，企圖分散注意力，與用麻痺的態度來面對一切的時刻，往往就是你最需要向內探索的契機。同時也是最需要你滋潤自己，傾聽心底聲音的一刻。在處理痛苦的時候，你所能經歷到的最有效治癒方法，就是遇見願意看見你、認可你的對象。然而，沒有任何一個人能比你自己，更加勝任此一角色。請相信你的故事，認可你在這趟旅程中的進步——這份認同是如此珍貴，更足以改變人生。你不再任由外部力量，來教你那些你早已明白的道理，並開始創造內在的融洽。你重新撫育那個需要被傾聽、看見和感受的自我。你開始明白自己眞正的需求，因爲這是頭一次，有人眞的聽見你。你終於聽見內在自我渴望成爲的樣子。

第 279 日

人生充斥著無形的充實，一種將聚光燈集中到你身上的生命姿態，讓你終於不再只是身邊所有事件的配角。這樣的充實，並不是靠你主動追求，而需要你敞開內在的自我，那種在你深刻剖析自己直至底層，才得以喚醒的境界。你以為生活中每一件叫你心碎的遭遇，只會削弱你的能力，但事實上，你的力量卻因此變得強大。曾經遭遇過失去的心，更懂得愛。這便是身而為人，最令人敬畏且耀眼的眞理——因為經歷的種種挑戰與改變，而變得完整。生命透過展現自己的另一面，來變得圓滿。你不會眞心感激那些從未失去、亦從未努力爭取過的事物。你不會得到那些你根本不曾想過的問題的答案。

第 280 日

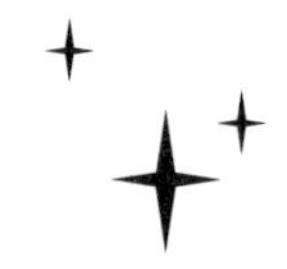

你所能擁有的最強大吸引力，便是成爲眞正的自己。事情開始對得上，一切都更爲契合，也變得比過去更輕鬆一些。你開始突飛猛進，因爲腦中那個總是說著**這根本不對**的細微聲音，再也無法牽制你。你體內的力量猶如脫韁野馬，因爲心底深處的你，明白這就是所有力量應該擺放之處。這是你生命中注定該實踐之事。這樣的頓悟並不總是能立即、或輕易地發生，但它們總會留下徵兆，且往往是經年累月的暗示。你總是能找到這些碎片的最初起點，那些發現未來可能樣貌的最初時刻。請敞開心胸，擁抱觸碰其所帶來的感受。它將徹底顚覆你的世界。

第 281 日

世上的一切皆源自於一個念頭，經過再三思索並反覆檢驗，直到所有的細節終於成形。起初，沒有一件事是有可能的——所有都只是推測，所有都只是一場夢。接著，當這樣的想像經歷了足夠長的時間後，這段構想就開始變成尚未經歷的記憶——另一種可能的人生、尚未被觸碰的平行現實。你的任務並不是讓大腦過濾掉所有的不可能，而是讓自己身體力行地度過每一日，並從中汲取屬於你的願景。你將心中思考得足夠長久的事物，化爲眞實。

第 282 日

當你還是孩子的時候，你的骨頭因爲伸展隱隱作痛，而你逐漸長成最完整的自己。但它們不會一直成長。事情也並不總是那樣辛苦。同樣的道理適用在靈魂的成長。最終，你會找到自己想要成爲的樣子，而你的使命就是盡最大的努力，成爲那樣的人。最終，你找到了自己。最終，你做出了決定。你本就無法承受持續不斷的挑戰與犯錯，亦無法不間斷地追尋眞理。持續湧入的新資訊、新知識與新體驗，並不總是能帶來成長。唯有專注於眼前此刻的純粹，鑽研當前的自己、而不是有一天即將成爲的樣子，才能讓成長變得可能。

第 283 日

你能想像，餘生全部用在彌補自己所不擅長之事物，以及訓練、改善弱點嗎？因此，**請鍛鍊自己的優勢**。找出自己的專長然後精進，不是因爲你必須衝向想像中的比賽終點，而是命運本身就是一場潛心修練，要喚醒我們體內的原始潛能，點燃對潛力的熱愛，並全力發揮，使其發揚光大，然後造福所有需要的人。畢竟，天賦的意義不在於獲得，而在於將其散播出去。

第 284 日

終有一天，你的心中會出現一個夢想，看似超越你能力所及、無法承擔的夢想。此刻，你的旅程開始了。一趟通往信賴，通往屈服，通往你必須成爲之人的旅程。最終你會發現，重點從來就不在於你是否能抵達終點，而在於整個過程中，你成爲什麼樣的人。關鍵就在於，那個蛻變後的你。其存在的價值，不只是爲了成就一個點亮你、激勵你，讓你一路撐過來的願景。那個人，是你終於展露的眞實自我。夢想不過是你此刻所能窺見關於其的一小部分。

第 285 日

歸根究底，我們都只是在尋找勇氣，去愛心中所愛。去選擇眞正能讓我們快樂的事物。不是那些最低限度的滿足，或爲生存所必需，亦不是他人眼中的理想。歸根究底，我們只是在尋找那顆用自己的方式、主宰人生的心。

第 286 日

每一位畫家都是從空白的畫布開始，每一位音樂家都是用同樣的八度音，每一位作家都是翻著同樣的字典。「精通」的眞諦不在於材料本身，而在於如何運用。你如何創作。你如何拼湊、縫合與編織，創造出一個於你而言，嶄新並能作爲靈魂歸屬的事物。因爲，這就是你所追求的——能讓你記住自己眞實面貌的事物。

第 287 日

星辰所預言的一切，早已在你心底埋下種子。但唯有透過你的感知去照耀，才能化作真實。無論你擁有多深的潛能，最終你都將成爲自己傾盡心力成爲的人。

第 288 日

一步一步的，你打造著屬於自己的人生。不是因爲你終於找到一處萬物皆完美的所在，而是你願意讓心裡的花朵在悲傷的塊壘中綻放。因爲你選擇多相信希望一秒，從而讓浸淫在恐懼中的時間，少了一秒。因爲你學會不再以不可能實現的標準來苛求自己，試著讓自己的每分每刻，都能追隨本心，讓其帶領你去感受最強大的體悟，最小的喜悅，和治癒時光下的寧靜撫慰。你會打造出屬於自己的人生，就算你害怕自己不會成功。因爲你其實一直都在這麼做。

第 289 日

不要低估給自己時間站穩腳步，以最質樸的方式來維護心靈神聖性的力量。有些時候，光是用片刻的寧靜來展開一天，而不是一起床就急著翻看手機，便足以讓你明白，謹慎選擇你需要專注投入的事物，有多麼重要。有些時候，改變你所見到、聞到、聽到的事物，就能喚醒長久蟄伏於心底、甚至已經被你遺忘的部分。就從此處開始，就從這顯而易見到令人難以置信的部分開始。讓其帶領你經歷一場足以醞釀成革命的體驗。

第 290 日

傾聽那個靜靜伸手，只為觸及視線所及之外事物的自己。追隨著他進入未知，信賴你體內最強大的導航系統，若沒有厚實的大地接住你，若沒有寬厚的愛在等著你，若沒有更大膽的體驗在呼喚你，其自然不會要求你縱身一躍。飛躍出去的渴望，亦是另一端自有答案等著你的承諾。

第 291 日

在最煎熬的日子里，是什麼啟發了你？是什麼讓你又一次對愛重燃信心？當你的心將自己深深藏進體內最深處時，是什麼治癒了它？是什麼讓你更了解自己，又是什麼問題讓你得到最有效的答案？有哪些是你過去不曾想過，如今卻成爲思緒中最尋常的存在？是什麼讓你深刻感覺到活著？是什麼使你生不如死？是什麼讓你重拾信心，又是什麼在淚水箝住你的喉頭、讓你恐懼自己或許再也無法釋懷時，能放聲大哭？還有什麼是你不知道的？又有什麼是你能肯定的？是什麼使你成爲自己想要成爲的人？

第 292 日

你的命運沒有保存期限。或許在人生的下半章裡，你會瘋狂地陷入愛戀。或許過去的五年，都只是在爲你最燦爛的作品進行籌備。或許每一次的失敗，都會蛻變成一種技能，賦予你雕築理想人生的能力。命中注定的事物，不會有過期的一天。

第 293 日

選擇寧靜的一開始，並不總是如此平和。有些時候，它會嘶吼著釋放你深埋在心底的苦楚，儘管你以爲自己可以透過隱瞞來讓其消失。有些時候，它是終於懂得劃清界線。有些時候，它是學會拒絕。有些時候，它會將你所知的一切連根拔起，從頭再來，讓你的靈魂終於自由。是的，選擇寧靜的一開始，並不總是如此平和。有些時候，它是一場終於澆灌至你心底深處靈魂花園的颶風。

第 294 日

被挑戰擊垮的人與因爲挑戰而蛻變的人，此兩者的差異在於其能否選擇面對不安，還是轉身逃跑。而具備勇氣探索內心的人，往往能收穫遠超過其最瘋狂想像的回報。

第 295 日

你願意在那些不曾向你展示過分毫寬容與善意者的身上，看見對方的美好，但你卻不願意給自己一個機會，愛上自己。你尚未誠心接受此一可能性——你從他人身上所洞見的神聖，其實來自於你的映照，而非對方的內在。你尚未誠心接受此一想法——你的愛能讓一個人變得鮮活，甚至超越其原本的可能。你尚未真摯地思考過，若你成爲自身愛慕的對象，若你給予自己全部的愛，你的人生會是什麼模樣。

第 296 日

到頭來，我們想和年輕自己說的話，其實都很相似。珍惜眼前的事物，因爲其不會永遠停留。不去過分擔憂自己無法控制的事物，將心力投注到力所能及的事。勇敢追求你一直夢想著的冒險，並在你認爲自己準備好之前，就展開行動。因爲準備永遠不夠充分，只有透過實踐，然後在實踐的過程中，準備才會臻於圓滿。就算你對人心殘忍的最壞猜想已經被證實，你也要去愛。當美好的事物降臨，請不要破壞。去愛還在你身邊的人。擁抱年輕的心，活在當下。

第 297 日

總有一天，你會再次回首這段時光，並明白一切的機遇、耽擱與你所做選擇的意義。總有一天，你會再次回首這段時光，並明白自己遠比想像的更靠近突破。總有一天，你會再次回首這段時光，並明白道路確實爲你展開，過去如此，未來亦如是。總有一天，你會再次回首這段時光，並明白你總是出現在對的地方。

第 298 日

到頭來，人生不是根據你是如何無波無瀾地匆匆走過，如何放棄嘗試，如何憤世嫉俗，如何封閉自己的內心，來衡量。你的人生更不會根據你失敗了多少次來評斷，而是根據那場集結你所有付出的勝利。我知道，你無法想像那些與你即將成爲的樣子並不相符的年輕自我，終將消失，但是最終，那些自我會被遺忘。他們不會是你的最終形態，只會成爲「形塑自我」這條道路上的絆腳石。請集中注意力在你能留下來的事物上。人生，不是用你有多擅長逃避生命中的深刻來衡量，而是你能多勇敢地挖掘，一次又一次，直至抵達彼岸。

第 299 日

或許，你感覺花了很多時間，在療癒自己。但事實上，在你越來越能單純坐下並觀察自己的情緒，不試圖去改變時，你就更能及時地消化這些情緒。你能夠在一天之中，覺察到身體細微的感受，不會因爲遭遇挫折或失望，就偏離了生命的軌道。讓自己以不同的方式去體驗世界——更爲敏銳，更爲鮮明，更爲廣闊。

第 300 日

穩定你的目光。你所反覆踏足之地，亦將成爲你的最終歸所。

第 301 日

你是否曾經想過，倘若你的人生只剩下六十多個假期、五十多個夏天，或十幾個早起到足以讓你欣賞日出之美的日子？你是否曾經想過，你的人生或許只剩下十五次的機會，能讓你在浪潮拍打著岸邊的聲音中，酣然入睡？你是否曾經想過，你已經讀完自己最愛的那本書？你是否曾經想過，或許你只剩下三次機會，能見到所愛之人？或甚至是一次？這些念頭能多快地扭轉一切──思考自己或許沒有永遠，儘管你感覺自己似乎還有很長的日子要走。下一次，當你又經歷了那些神聖的時刻，那些無可取代的日子，你會用怎麼樣不同的眼光去凝視？你會付出更多的關注嗎？你會留心看見更多的事物嗎？

第 302 日

強摘的果實不甜。不容許種子向下扎根的大地，養不出盛開的花，因爲此處只會讓你對自己、對你嘗試打造的生活惶惶不安。你無法強迫事情變得圓滿，你必須聆聽。傾聽自己如何給予回應，如何適應。「環境」將成爲你人生旅途中至關重要的元素之一，而你的任務就是讓自己在一處能眞正讓你向外探索、眞正產生連結的地方扎根，那個得以讓你離所欲成爲之人更近之處。

第 303 日

或許你的憤怒，並不是源自於靈魂內部的錯亂，而是因爲你心中某處，渴望設立界線，希望採納、內化和運用一套新的思維脈絡。或許你的憤怒，並不是反應過度，而是蒙受無疑爲不公正的處境時，最合理的回應。或許你的憤怒，並不是企圖摧毀你的人生，而是想要突破你——好讓那個曾經過於低聲下氣，過於忍讓、不願爲心中的「正確」挺身而出的你，變得強大。或許你的憤怒，並不是因爲靈魂的缺失，而是靈魂終於現身，渴求著被看見。

第 304 日

即便你做好了萬全的準備，但當預料之外的挑戰來臨，你仍會驚訝不已。你可以手邊什麼計畫都沒有，卻發現一路走來的收穫遠超過你最痴狂的期待。過程讓你收穫滿載。但唯有站在人生的主場裡，才能讓你學會如何打好這場比賽，退居場邊只會讓你一無所獲。

第 305 日

總有一天，輕鬆的感受會超越沉重，過去的種種將不再吸引你，你不打算繼續鑽牛角尖。執著於過去的衝動終於減緩，你能輕盈地向前邁開步伐。你漸漸放下了那些曾經讓你徹夜難眠的痛苦細節。那些本就不該停留在你生命中的人，漸漸淡去。然後有一天，你最後一次地想起了他們——儘管你不會意識到這是最後一次。新想法、新興趣、新計畫占據了你的腦袋。於是你繼續前行。你一定會。

第 306 日

用啟發你的事物，來建構自己的人生，就算那些點點滴滴看似毫無連結。這能讓你打造出曠世傑作──一段完全屬於你的經歷。每個人都在以自己獨特的方式，打造安身立命的歸宿。因此，你不必遵循別人的框架，來形塑自己的人生。你會靠自己，一點一滴構築出生命樣貌。

第 307 日

你知道，該如何得到自己渴望的一切嗎？答案是，展現你的善意。對自己，還有每一位相遇的人。即便你認為對方不值得，即便你認為自己並不配。這是因為，最終你會明白，「決定哪些人值得被愛」，並不是你的責任。請如你所能做到的，所能想到的，所能具備的勇氣，去展現善意。這是解開一切的鑰匙。

第 308 日

請不要忠於你的負面情緒，彷彿與它做朋友能讓你不受傷害般。以這種方式來讓自己麻痺、無動於衷，並不會使你變得強大，反而會適得其反。你必須以充滿愛的方式，來鞏固對自己的信念；你必須掌握心中那兩股對抗的力量，取得天秤兩端的平衡。你說「你必須誠實面對自己，然後找出自身缺點？」這不叫誠實，也不叫圓滿。那更不代表你。一旦認同外界對於自身的不認可，我們只會因此動搖。

第 309 日

你該如何找到自己最真實的渴望？你必須停下來，靜下心。你從容地散步；你用整晚的時間與自己共處；你關掉手機，仔細傾聽；你越過恐懼的高牆，那面讓你想要用世界的喧囂來讓自己忘卻的牆——但這也同時擋住了你的聲音。一旦你能忠於自我，如其所是地靜心，便不再需要大力鞭策自己的潛意識，因爲答案自然會浮現。在寂靜之中，你認識了眞實的自己，並將他帶到外面的世界，從此你不再一樣，獲得了不曾有過的力量。你獲得了許多人因爲不敢觸碰自己內心，而無法獲得的事物。你首先明白了自己的本質，而你所渴望的事物也將隨時間顯現。

第 310 日

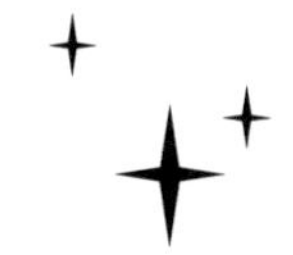

你值得擁有愛，因為你願意去愛。這就是唯一的條件。我們總以為，愛需要我們清算自己的一切缺點與優點，以確認自己配得上誰。我們總以為那些無法亙久長存的愛，往往是因為我們有所缺失，才無法做出更清晰明瞭的決定。但愛並不是這樣一回事。我們和有所共鳴的人建立連結。這是一件神祕的事。這是一股來自於體內的力量，卻超越我們所能掌控，往往只有在回憶之際，才能明瞭其中的意義。有些時候，在大腦得以梳理事件之前，我們的心與身體早就明白。但最困難之處在於，我們能否展現信任，能否盡力相信，能否奮不顧身地追求。有些時候，儘管我們苦苦哀求，那扇門還是無情地關上，但這其實是出於對我們的保護，只是我們尚未明白。我們遇見了對方，墜入愛河，但我們不明白為什麼。有些時候，我們只是還沒準備好，但這也沒關係。有些時候，某人或某事還在別處等著你。有些時候，我們尚未成爲自己所需要成爲的人，因而無法維持那樣程度的連結。愛並不總是沿著直線前進。

第 311 日

所有的改變起初都很緩慢——事實上，緩慢到你以爲無事發生。然而，這就是它們運作的方式。新的現實就是這樣穿越種種維度的阻隔，來到你身邊。在它們到來的路上，它們總喜歡測試你的決心，要你證明自己是否眞心渴望，是否願意挺身而出，即便無法肯定最終結果也依舊願意嘗試。在你踏上想像中那條道路的第一步，整條路就會完整地鋪展開來。這就是事情運行的法則。其他一切，都只是在爲了這一步做準備。

第 312 日

那些尚未明瞭心中的嫉妒之情，只是在引導自己發揮潛能的人，往往會將你的成長視爲威脅。但是無論如何，成長吧。那些尚未坦然接受生命需要做出重大改變的人，只會透過充滿恐懼的雙眼，來看待你的改變。但是無論如何，改變吧。那些尚未找到內心聲音的人，總會埋怨你的聲音太大聲。但是無論如何，說吧。那些尚未治癒自己傷口的人，總會認爲你的眞心過於天眞。但是無論如何，快樂下去吧。

第 313 日

面對傷害過你的人，無論你想怎麼做，重點是不要變得跟他們一樣。成爲他們，不會讓你變得更安全，更酷，或更自由。這麼做不會讓你得到更多的認同，也不會讓你變得比過去更好；既不會讓你變得更睿智，也不會讓你的人生向前邁進。成爲他們，只是暫時減輕了無法明白爲什麼一顆心，可以保藏如此多惡意的傷痛。所以，這麼做的你，半是想要理解，半是企圖保護自己。但是，無論你想怎麼做，請不要變得跟他們一樣。這麼做不會讓你得到治癒。

第 314 日

面對命中注定之事，往往最叫人畏懼。這或許就是活著所要經歷的奇妙小事之一。你害怕未知，但人生就是由一連串的未知所構成。你害怕改變和成長，但你生來就是爲了經歷此。當你瘋狂渴求愛的時候，愛也往往最叫你膽怯；當你體內的潛能就要劃破皮膚，破繭而出時，這份潛能也往往最叫你恐懼。正因如此，面對自己最深的恐懼，往往能帶來最了不起的成長。你與畢生最渴望的目標，往往只有一牆之隔。

第 315 日

人的靈魂不會眞的迷失——迷失的只有未經磨練與馴服的心靈，被自己的思緒所圍困。你的心靈從自我中抽離，被外在世界強加於你身上的約束重重包覆，干涉你的思考、你的所見，甚至要你成爲自己故事的配角。但人的靈魂不會眞的迷失。它一直都在，等著心靈再次敞開大門，然後清楚地看，完整地感受，置身其中而不再重蹈覆轍。

第 316 日

缺乏刺激的心智，是人類所面臨的其中一種最難以察覺又危險的狀態。你活在恐懼之中，深怕自己無力達成渴望的目標。然而，真正的關卡，是釐清自己想要追求的目標、想爲之奮鬥的存在、想要傾盡內心未曾釋放的能量的事物。當這股力量無處可去，往往就會朝內宣洩，導致你陷入質疑與懷疑，覺得自己在本質上似乎出現了難以彌補的缺陷。人類的大腦需要挑戰：它需要思索問題的答案，找出合適的解決方案，摸索出規律。這趟旅程的目的，並不是找出最簡單或最直接的生活，而是最能讓你徹底投入的人生。有哪些事情最能讓你感受到活著的積極與力量？

第 317 日

或許你從來沒想過，但青春期的情結很有可能跟著你一路進入成人世界。很有可能邁入 30 歲、60 歲的你，依舊被那些過時的不安全感、恐懼及思維困擾著。我們總理所當然地認爲時間能治癒一切，就好像淡去的記憶意味著傷痛的一筆勾銷。但事情並非總是如此。有些時候，你必須面對自己並好好修復。有些時候，你必須積極且有意識地去相信成熟的你會相信的事——原因只有一個，你不會希望心中的那個孩子在這麼多年過去了，因爲發現體內那個小小的聲音仍舊不被視爲盟友，而感到失望不已。

第 318 日

若你還不知道該做哪些決定，或許此刻還不是做決定的時機。或許人生中還有其他地方，更需要你的灌溉、培養和鍛鍊。新的決策因素還沒有浮現，而你無法知道自己不知道之事。有極大的可能，你正在思忖一個終究要做出來的決定，只不過不是今天。當那天來臨時，你會知道該怎麼做。而你之所以知道，是因爲準備期間的你增強了對自身的感知，釐清了眞正的目標，以及生命中最珍視的事物。若你還不知道該做哪些決定，或許此刻還不是做決定的時機。給自己多一點的空間。

第 319 日

就許多層面來看，眞正地活著，就是擁抱生活的慢。去延展並體會每一件珍貴的瑣事。在平凡無奇的時光裡，創造出片刻的寧靜，然後全心浸淫其中。能夠更熱切地投注於當下，不讓思緒被不屬於此刻的事物所困擾。能夠深刻地體悟自身經歷，明白到頭來，經驗並沒有好壞之分，只有顚倒的心態才會扭曲我們的看法。當你轉移自己的注意力，將心思重新放到平行現實之上，你就開始改變。而你離眞正地活著，僅剩一個念頭之差。

第 320 日

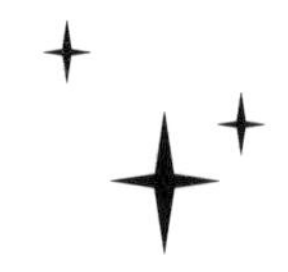

有些時候，你破壞身邊的一切，只因爲你不知道該如何開口說離去。你不知道該如何開口說，你準備好往下一階段邁進。你破壞一段感情，因爲你認爲自己還沒做好準備，儘管你渴望自己足以勝任。你破壞機會，因爲你並不是眞心想要，儘管你認爲自己需要。有些時候，潛意識會透過你**沒有**做出來的選擇，而不是你做的選擇，向你清晰而直白地表達自己。它能幫助你剖析自己的衝動，並詢問——**為什麼我會希望事情演變至此？**這個答案會成爲你後半生的起點。

第 321 日

只要你下定決心不讓他們阻礙你，他們便無法對你造成任何威脅。

第 322 日

當你一再告訴自己，你一定會實現理想中的生活，大腦就會開始展開神奇的任務——找出成功的路徑。我們總是期待能從人生的表面，找到關於自己、定義自己的線索。但事實上，一切應該反其道而行。生命會回應你一貫的信念。它會找到通往你最長久渴望目標的道路。你的使命不是到處尋找那扇門，而是確信自己即將在門的後面發現些什麼。

第 323 日

你無法逃避內心的認知。總有一些眞相，是你無法討價還價、辯解或懇求改變的。總有一些如同佇立在你靈魂中心的柱子，等待著你去承認，等待著你去屈服。這些眞相就如同避雷針，等著照亮你人生的那道閃電，而你唯一需要做的，就是做好準備。準備讓它們劈開你緊緊纏繞的事物，如同恆星爆炸成超新星，讓內在核心轉化成新的生命、新的現實、新的存在。這就是你唯一需要尋找的——一個大膽的眞相，能點燃你曾經對自己說著的故事，能燒毀你為自己選擇的安逸道路。這一切沒有邏輯，只有令人狂喜的眞理……而這已足矣。這些足以建構出新的人生。到頭來，這就是我們所有人的追求。一個讓你痴狂到無法用邏輯來弱化的事物。

第 324 日

成長並不總能預期。有些時候，當你在濃密的黑暗中緩緩前行，視線所及僅咫尺，卻有可能是你離最偉大突破最近的一刻。有些時候，最深刻的教訓來得讓人措手不及，因爲某些事物已經迫在眉睫，但你還不知曉。有些時候，你精疲力竭，因爲你的注意力被那些耗盡你心力、讓你付出大於收穫的事物所吸引。你或許認爲你分辨得清楚自己的位置，但事情並非總是如此。治癒可以自然而然，也可以很漫長，它可能如浪潮般，來去自有節奏，或星星點點地展現，或以最預想不到的方式發生。就讓它給你驚喜吧。

第 325 日

重新開始，意味著你必須放棄那種**近似於**盲目的信念，認爲總有一天，事情會不費力氣地完成。重新開始，意味著你必須放下那些抑制著自己的事物，讓自己找到能盡情翱翔的天空。重新開始，意味著你必須捨棄既有的完美，讓自己與那些無比深刻、令人讚嘆且遠超出你對人生所能想像的事物面對面。有些時候，你會被要求捨棄那些顯然爲錯的答案，但更多時候，你需要的是放下那些「有一點對」的答案，好讓自己能徹底擁抱完全正確的答案。

第 326 日

若你能追隨心中無聲的指引，讓體內那部分的你，憑著直覺引導自己邁出正確的一步，一步接著一步的，你就會發現，許多被你歸類爲偶然的生活際遇，實際上並非如此──它們將你雕琢成你命中注定該有的樣子。你回首來時路，便會豁然明白，走過的每一段路都算是對你祈禱的回應──你所渴望的，你所需要的，你無可避免地必須學著去應對的事物。每一次的轉折都以你當時所無法想像的方式，砥礪著你，而你如今依舊站立著，腦中有著遠超過於你想像的智慧。**總有一天，你會明白一切的真義。**

第 327 日

上一次，你將手單純放在胸口去體會、眞切去感受自己所接收到的訊息，是什麼時候？上一次，你讓一句親切的問候或舉動眞正暖到心坎裡，是什麼時候？上一次，你爲自己好好慶祝或發現自己有所成長，是什麼時候？不要簡單地讓思緒流逝，而是眞正與其面對面，正如同你願意和自己的缺點、不一致、希望能表現得更好之處，坦然相見般。上一次，你確實給予自己應得的肯定，又是什麼時候？

第 328 日

沒有什麼比明瞭自己已經走了多遠，更能鼓舞自己奮勇向前。沒有什麼比此更能讓你快速覺察到自身的力量。

第 329 日

若你害怕自己會走錯路，那麼你就落入了一種假設，認爲人生是由一連串的固定事件所構成，更會取決於單一決定。但這種假設嚴重低估了人生的本質。生命是一種流動的能量，隨時根據我們的狀態做調整。你所謂的命運，其實就如同一份藍圖，是你不偏不倚終會抵達的坐標，但不是因爲它們是世界的一部分，而是因爲它們深埋在你心底。你終究要以某種方式來展現內在的眞實，但你該如何呈現於外界？其實，方法是有彈性，可改變，會隨時間而有所不同的。是的，你內心深處的某些事物，終究會以某種方式浮現，但你仍舊是擁有自由意志的生命，徜徉在充滿無盡可能的星球上。你的靈魂或許決定了終點，但前行的路徑由你的心智來負責。

第 330 日

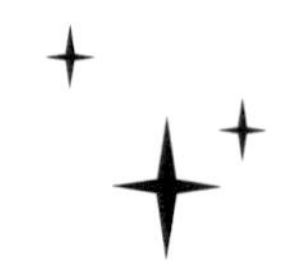

耐人尋味的是，你常堅信自己少了某個事物就活不下去，但正是同樣一件事物，往往叫你覺得再也無法多忍受一秒。此種依賴，並不意味著那件事、那個人或那處地方很適合你，亦不意味著你考慮分開是個錯誤。這只是點出了你體內某個部分的自我認知，正被這件事緊緊束縛，渴望釋放。請由此開始，修補那個認爲倘若人生缺乏此單一、短暫元素，就會無法存活的自我。在你重新站穩腳步的那一刻，該如何前行的答案，也將隨之顯化出來。

第 331 日

你或許會很驚訝，只要持續做出有別以往的行爲，過去的回憶往往能獲得寬恕或放下。

第 332 日

除了一份五年計畫，你更需要的是替未來每一個小時、每一天、每一週，找到願景。若你能用那些有益於自己、亦能開創成果的事物，來填滿近在眼前的時光，那麼即便此刻的你還無法看見地平線之後的景致，最終的你仍會到達嚮往之境。若你能徹底擁抱當下，那麼總有一天，你會醒來並發現，自己已置身於長久以來所修練的平靜之中。

第 333 日

若某天你醒來，發現人生已經過了大半，我希望你倒頭就睡，睡到自然醒，然後走進花園，讓長髮自然地垂至腰間，吃顆桃子，看本書，喝些茶，讓身體維持在最自然的樣子，放下任何企圖改變或調整的念頭。我希望你能擁有眞實的連結，眞心的朋友，眞正的愛。我希望你做到了自己所渴望的一切，我希望走在屋子裡的你，能覺得這裡就是你的家。我希望你能欣賞自己這些年來所收穫的事物。我希望門廊就像是陳列著你充分活過證據的博物館。我希望你心中滿是感激，並在這份平靜、輕盈的心境中，由衷地快樂。我希望你不要經常想著爲了眼前的人生，你或許錯過了哪些。我希望你對每一處都能感到滿足。

第 334 日

若你認為「改變人生方向」令人羞愧難當，而遲遲不願進行，請想像在你終於邁開步伐後，另一端的某個人與你相遇了，並說，**謝天謝地，我還怕你永遠找不到這裡**。請想像他就是你心底的那個孩子。

第 335 日

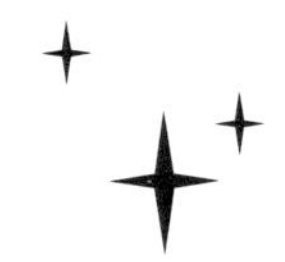

若你一生之中的絕大多數時間裡，都只是以「生存」爲目的，那麼讓你身體充滿恐懼的事物往往也最爲吸引你——你希望自己能以不合理的高效率，來發揮精力、生產力與創造力。但這只是另一種生存策略，只是看上去更體面一點。那如果讓自己從容地擁抱一天之中的閒適，情況會變成怎麼樣？如果不刻意拼命地度過每分每秒，只是純粹地享受，情況會變成怎麼樣？如果不用耗費大量的心力，去完成你所認定的必須事項，並將清單刪減掉四分之一，情況會變成怎麼樣？如果能重新明白，用緩慢、美麗、豐富且滋潤的生活來療癒自己，並不需要感到愧疚，情況又會變成怎麼樣？

第 336 日

它的到來，或許是要教會你如何感受愛，也或許是要剷除你與愛之間的阻隔，讓你徹底明白，愛早已降臨。

第 337 日

無論多麼小的變化，所有改變都需要一段時間來適應。你整個人都必須習慣以嶄新的頻率來運作，踏入你或許尚未察覺到的新維度。你的旅程會充滿大大小小的新起點，因此當你迎向新的開始時，請擁抱它們。放心迎接轉變。洗盡過去種種，重新開始；鬆開，放手，放下，從全新的視角、嶄新的故事軸，重新學習生活。讓自己縱身躍入眼前的新世界，放手嘗試，直到你在曾經陌生的未知中，尋獲那絲歸屬感。

第 338 日

你最偉大的貢獻，並不總是那些豐功偉業；更多時候，是你選擇成爲的人。

第 339 日

過去的自我並不會消失無蹤，只會在歷經痛苦與時間的推移下獲得釋放。那些讓你喉頭哽住，強壓著內心感受的時刻，也是你應該哭泣的時刻。你必須送走每一位魔鬼。這才是改變的真正意義——不單單只是放下那些不合適，更要去解構那些已經無法引領你前行的自我認同，然後再建構全新的自我。

第 340 日

有些時候，並不是感覺很棒的事物，就一定適合你；有些時候，感覺不好的事物恰恰爲你所需要的。你的人生應由不同面向組成，既帶來撫慰，也能促進成長；既滋養內心，也能讓你活得圓滿；既實現渴望，也能使你擔起必須承擔的。兩邊都需要你投入心力，缺一不可，這才是人生的長久之計。在讓你所勾勒出的人生輪廓更清晰的同時，也要樂於突破界限——不僅向外拓展，還要向內深入，爲自己開拓通往深刻與歸屬的道路。

第 341 日

你人生中最渴望愛的時刻，往往就在你感覺不到愛，亦失去了對自己的愛時。愛似乎以一種迷戀、執著的形式，進入我們的生命，讓我們相信自己確實是神聖的。但事實上，愛更像是曲調的契合。我們對外展示自己的那份神聖，來與他者相遇，從而交織出最動聽的曲目。你在他人身上發現的光輝，經常爲你心中深處那份偉大的延伸。我們向外渴求的那份愛，往往是爲了喚醒內心深處的愛，好讓兩者相遇。

第 342 日

請將自己與他人連結的深度，優先置於廣度之上。即便身處在人群之中，你也可能體驗到前所未有的孤獨，無人理解。但重要的並不是你能隨時號召多少人簇擁著自己，而是你能用多少時間與真正看見你、珍惜你，並將你放在第一位、讓你感覺如同家人的對象共處。

第 343 日

「人生目標」並不是等著你來解開或推敲的謎題。它是你從自身熱情、渴望與靈感中，所篩選出來的事物。「人生目標」並非從天而降的意外，而是你從內心深處攫取，用來建構每一天的事物。

第 344 日

若你仍未抵達心中的理想之境，請留心那些已經佇立於你所渴望之境內的靈魂。讓你的身邊，充滿了自己所欽慕、信賴以及想要成爲的人。絕大多數的成長就發生在不經意間，你有意無意地吸收了身邊那些人的思維模式與氣質。若你仍未抵達心中的渴望之境，就讓已經抵達之人包圍著你吧。他們會爲你照亮前行的道路。

第 345 日

當你墜入愛河，從此一位陌生人進入了你的生命。當你用心守護一幢房子，它便成爲家。當你淬鍊自己的天賦，它們便成爲一種使命。當你沉澱心靈，你會找到內心的寧靜之源。人們告訴你要不斷尋找、尋找、再尋找，向外尋求答案，但眞正能幫助你的，是你如何看待生活中最簡單的點點滴滴。你所追尋的目標，亦是你命中注定開創的事物。

第 346 日

世界將開始以你看待自己的方式，來看待你。因為你會用不同的方式支持自己，用不同的態度守護自己，用不同的方式說話，用不同的態度去愛。你的自我概念是一切的根源，既是起點也是終點，更是孕育每一段關係的沃土。而這份對自我的認同感與欣賞，必須由你來賦予；你也有責任，成為你一心渴望成為的人。

第 347 日

有些時候，你最眞切的渴望總是遲遲無法實現。但不是因爲那些渴望並不屬於你，反而是因爲它們完美地與你契合，你務必先做好萬全的準備。若你沒能準備好，那些事物只能與你擦身而過。因爲身爲載體的你，並沒有容納的空間，亦沒辦法留意到眼前的事物。有些時候，你最眞切的渴望沒有在你的生涯發展關鍵期，得到實現。但這不是因爲有一個獨立於你之外的宇宙，在替你決定命運應當推動的時機，而是你的潛意識節奏明白，此刻還不是接觸需耗費大量心力、且並不成熟之渴望的時機。當你抵達時，你會做好準備，全權爲自己掌舵。你會是帶領自己迎向命運的那個人。

第 348 日

此刻於你而言爲眞的事物，未必永遠如此。你不等同於你在這個世界所擁有的身分地位，你是雙眼背後的意識，擁有攫取、解釋和感受所見之物的能力。你是動力的場域，你是從下個世界來到此的訪客。你是雙眼見著的色彩，你是讓心中充滿悸動的曲調。你既是神聖的，亦是凡人的，你兼具虛無與萬物於一身。若你能學會不以框架來定義自己，你將獲得一定的自由。你的價值不再由你認爲自己所擁有或缺乏的事物來決定，亦不由你如何被看待所左右。你不是自己所握著的事物，而是能夠緊握的那雙手。這樣的差異便能締造不同。

第 349 日

大自然是最後一條將你與自身來處及源頭連接在一起的眞實紐帶，那處孕育著你、而你也終將回歸的處所。這也是爲什麼夏日的空氣總讓人思鄉懷舊，爲什麼大樹能讓你感覺重新找到內在的平衡，爲什麼大自然如此令人敬畏，亦如此療癒。大自然並沒有將你切割，是你用牆和各種人類物質條件將其斷開。但情況不會總是如此。大自然呼喚著你，要你回到那個被你遺忘的來處。

第 350 日

那股不斷試著「證明自己」的衝動，並不會強化你的自我價值觀，只會削弱它。這讓你活在持續追求**再多一點**的思維框架下，只想證明自己就跟其他人一樣，處在對的團體中，擁有理想的事物，走在正確的道路上。然而，這份信念並不是來自於一個所有美麗事物皆能浮現之處，而是否認此種美好、認爲其並不足夠的地方。我們之所以企圖從外界獲得認可，往往是因爲我們的心及感知能力，被自己所築起的高牆封閉。那就一塊一塊地拆掉吧。你對自己的生活越滿足，就越不需要在乎他人的認同。

第 351 日

你可以安心成爲你天生該成爲的人。你可以投入到最具潛能的未來自我裡。你可以沐浴在陽光下，讓它用自己的方式來改變你。你可以把喝一杯茶當作一天中最重要的任務，讓它給你一場深刻的淨化。你必須放下執念，不再認爲只有「努力」和「不斷前進」，才是有意義的行爲。有些時候，只有終於靜止下來，才能讓你的整個宇宙重返光明。

第 352 日

你無法接受自身感受的時刻，往往也是你最在乎他人如何看待你之際。其實，要說服外界你是自信且自由的，很簡單。但要眞正成爲那副模樣，卻需要更深層的內在改變。而這需要難以估量的勇氣。畢竟，世上最艱難的事，莫過於徹底感受那些被壓抑的痛苦，汲取必要的教訓，再帶著「相信光明就在前方」的信念前行。這是異常艱難的課題，卻也是生命中不可或缺的重要一環。

第 353 日

你的任務不是追著時機跑，而是明白機遇敲門時，會由什麼樣的人來迎接。

第 354 日

或許你的人生規劃，只是構築在童年時期的你認爲足以保護自己的磚瓦之上。但你已經不是孩子，你需要的，也不僅只是庇護。你需要的，是自由。

第 355 日

並非每段緣分都能攜手到白頭，但結束不意味著失敗。有些時候，這是圓滿的象徵。有些時候，這是成長的刻痕。有些時候，這是美麗的印記。有些時候，這透露出最真摯的愛——願意讓他人追求呼喚著他們的命運。

第 356 日

耽擱，是爲了讓你能分秒不差地抵達。曲折的遠路，是要讓你重新找到你以爲再也回不去的地方。破碎的心，教會你如何去愛自己。失敗，喚醒了你的韌性。黑夜，讓你領略白晝的意義。

第 357 日

你對更深刻且鮮明人生體驗的渴望，就是最清楚的徵兆，注定了你該成就這個目標。這是最真切的訊號，證明了「過上心底所嚮往的人生」，就是你的命定。當然，擁有這樣的使命，並不總是輕鬆——這需要犧牲，需要挑戰，也需要成長。這需要遠超過絕大多數人所能理解的遠見與自我信念。這需要自制力，也需要力量。這需要你付出一切，卻也會給予你超乎想像的回報。這就是你生而在此的意義。

第 358 日

願你有勇氣，總能視自己的需求改變方向。願你堅決不讓自尊挾持著你，能及時放棄明知不合適的道路。願你明白，生命本就不該依循著直線前進，而我們之中有太多人因爲過於恐懼，不願承認我們耗費大量心力，所構築起來的一切，不過是用來自外在且不熟悉的夢想碎片所搭建。需要有極大的勇氣，才能讓一切歸零並從頭來過，打造一套獨特、簡樸且徹底屬於你的生活。

第 359 日

通往你渴望之境的旅程，往往獨特且出乎預料。沿途上會有你預期不到的轉折，也會有讓你懷疑自己根本走錯路的拐角。你覺得自己從未如此迷惘，你認爲自己距地平線比過去都還要遠，但你不明白的是，每分每秒你都朝目的地更近一步。這就是活著的神祕之處。因爲路途上的耽擱，使你準時抵達了，不偏不倚。因爲繞了遠路，你重新回到那條你以爲再也找不到的路。因爲心碎成了一片片，你懂了如何去愛。陽光會在特定的時刻，分秒不差地照進你的生命。請相信自己所走過的經歷迷宮。在表面之下，有遠多過於你所能理解的事物在運作著。

第 360 日

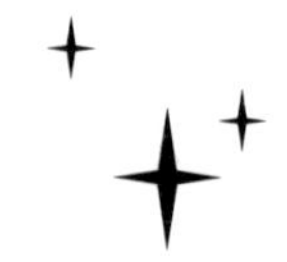

你的力量、能力與幸福，就埋藏在你體內。它們不存在於人生最後的篇章裡，也不存在於他人身上；不存在於單一機會之內，亦不受特定經驗是否實現所影響。找到喜悅、意義並散發著純粹之愛的能力，一直在你身上。剩下的不過是一場心靈遊戲，一段啟迪的過程，一趟覺醒之旅——領悟到你向外奔波馳求的一切，早已存在內心，等候著你去發現。向生命灌注你所有的愛，讓眼光盡帶欣賞，看見每一處的美好。這會永遠改變一切。你將抵達一片更浩渺、理想的境地，是你難以奢想的。

第 361 日

關鍵不在於能否透過更細膩的角度，去思考生命的複雜性，而在於能否讀著一本書，無須時刻檢查手機。能夠置身於大自然之中，讓心中除了天上的浮雲，再無其他。平靜地接受日子本來的樣貌。修正自己認爲日子應該有不同面貌的念頭。在接受此刻的同時，爲未來做計畫——達到微妙而精巧的平衡。不僅只是懷抱期待，而是眞切地去體驗事物。徹底浸淫其中，無論是高峰或低谷，還是沿途的一切。眞正地活著，終於。眞正地存在。

第 362 日

生命會讓你屈服。有時候是因爲痛苦，有時候是因爲美好，有時候是兩者兼而有之。它會削弱你的防備，好讓你獲得去愛的機會。它會用最平凡的時刻，來掩蓋奇蹟。它會衝擊你的心，直至心門敞開。它會慢慢地教導你，從來就不該是對外，而應該是向內。它會走得比你所能承受的還要慢，亦會走得比你想像的還要快。它會引領你走向最終交織成命運的意外轉折，而你將學會相信。你能懂得放下那些阻礙著你與靈魂最深渴望的妄念。

第 363 日

總有一天，一切都來不及了。你來不及告訴他們，你愛他們。你來不及重新開始。你來不及完成熱切渴望的事。所以，現在就去做吧。加緊腳步，因爲誰也不能保證「明天」一定會到來。所謂的「明天」，不過是爲了維護理智所做出來的假設。我們必須相信還有無限的可能等在前頭，否則早就奮不顧身地撲向能夠點燃我們悸動的事物。或許，這就是問題的所在。或許，我們都應該多活在今天的可能性裡，而不是沉醉在明日的承諾。

第 364 日

你應該勇敢去追尋那些傻氣而微小的夢想。那些讓你在夜裡輾轉反側，讓你的心更悸動，讓你忍不住想著或許、只是或許，還有更多可能等著你的小事。那些挑戰著你，追隨著你，割捨不了的事物。不要將它們埋藏在心田深處，至死都無處可去。

第 365 日

願你選擇了充滿啟發的人生，而不是將全部的日子投注在空想之上——夢想著終有一天，一切都會神祕地降臨。願你能匯集所有的勇氣，願你能做出讓自己驕傲的決定。願你不會卻步，即使你心中充滿恐懼，微小的一步也感覺起來如同奮不顧身地飛躍。願你能從恐懼底下，挖掘出最美麗的自己。願你不會拋下自己。願你能從心間開始，尋找那份你想在世間找到的愛。願你能肯定自己。願你能相信轉變，因爲人生唯一的不變就是變。願你能追隨指引，擁抱命運。願你能改變自己的人生。

轉念之年

THE PIVOT YEAR

作　　者｜布莉安娜·魏斯特（Brianna Wiest）
譯　　者｜李祐寧
主　　編｜呂佳昀

總編輯｜李映慧
執行長｜陳旭華（steve@bookrep.com.tw）

出版｜大牌出版／遠足文化事業股份有限公司
發行｜遠足文化事業股份有限公司（讀書共和國出版集團）
地址｜23141 新北市新店區民權路108-2號9樓
電話｜+886-2-2218-1417
郵撥帳號｜19504465 遠足文化事業股份有限公司

美術設計｜許晉維
排　　版｜新鑫電腦排版工作室
印　　製｜中原造像股份有限公司
法律顧問｜華洋法律事務所 蘇文生律師

定　　價｜500元　　初　　版｜2025年2月

電子書E-ISBN
9786267600320（EPUB）
9786267600313（PDF）

國家圖書館出版品預行編目(CIP)資料

轉念之年 / 布莉安娜.魏斯特(Brianna Wiest)著；李祐寧譯. -- 初版. -- 新北市：大牌出版, 遠足文化發行, 2025.02
384頁；14.8X21公分
譯自：The Pivot Year
ISBN 978-626-7600-33-7(平裝)
1.CST: 自我實現 2.CST: 成功法

177.2　　113018483